DU POTENTIEL

DES GRANDES STRUCTURES URBAINES ABANDONNÉES

ON THE POTENTIAL

OF ABANDONED LARGE URBAN STRUCTURES

Publié en mars 2017 par **Potential Architecture Books**
T2 – 511 Place d'Armes, H2Y 2W7, Montréal (Québec), Canada
www.potentialarchitecturebooks.com

Library and Archives Canada Cataloguing in Publication
Du potentiel des grandes structures urbaines abandonnées = On the potential of abandoned large urban structures.
(Research notebooks / Laboratoire d'étude de l'architecture potentielle ; 01)
Edited by Jean-Pierre Chupin and Tiphaine Abenia.
Includes bibliographical references.
Text in French or English.
ISBN 978-0-9921317-9-1 (softcover)

1. Abandoned buildings. 2. Urban renewal. 3. Architecture and society. I. Chupin, Jean-Pierre, 1960-, editor
II. Abenia, Tiphaine, 1988-, editor III. Title: On the potential of abandoned large urban structures.

HT170.D8 2017   307.76   C2017-901844-2E

Catalogage avant publication de Bibliothèque et Archives Canada
Du potentiel des grandes structures urbaines abandonnées = On the potential of abandoned large urban structures.
(Cahiers de recherche / Laboratoire d'étude de l'architecture potentielle ; 01)
Préparé sous la direction de Jean-Pierre Chupin et Tiphaine Abenia.
Comprend des références bibliographiques.
Textes en français et en anglais.
ISBN 978-0-9921317-9-1 (couverture souple)

1. Constructions abandonnées. 2. Rénovation urbaine. 3. Architecture et société. I. Chupin, Jean-Pierre, 1960-,
directeur de publication II. Abenia, Tiphaine, 1988- directeur de publication III. Titre: On the potential of abandoned
large urban structures.

HT170.D8 2017   307.76   C2017-901844-2F

Direction artistique, conception graphique, relecture et révisions : Marie-Saskia Monsaingeon, Camille Lefebvre
Traduction : Chantal Auger

LABORATOIRE D'ÉTUDE DE
L'ARCHITECTURE POTENTIELLE

LEAP

CAHIERS DE RECHERCHE
RESEARCH NOTEBOOKS

01

POTENTIAL
ARCHITECTURE
BOOKS

DU POTENTIEL DES GRANDES STRUCTURES URBAINES ABANDONNÉES

ON THE POTENTIAL OF ABANDONED LARGE URBAN STRUCTURES

Numéro coordonné par Jean-Pierre Chupin et Tiphaine Abenia

Table des matières

060   Échelles : entre architecture et urbanité

Façade avant de l'édifice El Elefante Blanco sur l'avenue Piedra Buena, Buenos Aires.
Source : Tiphaine Abenia, avril 2014.

Architecture | Abandon | Potentiel : trois termes d'une équation fertile

Jean-Pierre Chupin et Tiphaine Abenia

Ce numéro inaugural des Cahiers de Recherche du LEAP Research Notebooks est consacré à l'immémoriale équation entre architecture, abandon et potentiel.
Si la condition d'abandon en architecture peut intervenir à l'étape de la conception du projet (architecture non réalisée), lors de la construction d'un édifice (architecture inachevée) ou suite à un premier usage (architecture désaffectée) ; ce sont ces deux dernières facettes, particulièrement actives dans l'observation de la ville contemporaine, que nous proposons d'investir. Resserrant les réflexions autour du phénomène de la **Grande Structure Urbaine Abandonnée** (G.S.U.A), l'objet d'étude se voit précisé dans son échelle — d'envergure — et son implantation — éminemment urbaine.

Notion polysémique, la Grande Structure Urbaine Abandonnée nous renvoie aux images de tours inachevées (*le Ryugyong Hotel*, Corée du Nord), aux villes fantômes héritées de la crise économique (*el Pocero*, Espagne), aux survivances d'une époque industrielle (*le Silo 5*, Montréal), comme aux infrastructures obsolescentes de la ville contemporaine (*la Petite Ceinture*, Paris). Le phénomène d'abandon de fragments entiers de villes peut aujourd'hui être observé dans la plupart des grandes métropoles. Il touche avec une intensité particulière des structures conçues en dehors de visées esthétiques, anonymes, édifiées au XXe siècle et rarement reconnues par les statuts patrimoniaux. Édifices de grande échelle, à l'importante charge symbolique et dont le système constructif résiste au passage du temps, ils mettent à mal les logiques traditionnelles de démolition. Accusant des périodes longues d'abandon, ces architectures sont sorties des cycles classiques de revalorisation, elles échappent aux grands projets urbains et elles parasitent une vision sous contrôle de la ville.

Les bases d'une problématique plurielle sont ainsi jetées : entre réflexions mémorielles, écologiques, sociales, constructives et enjeux de conception, la lecture transversale de cet événement mondial alimente l'épaisseur de cette rencontre entre architecture, abandon et potentiel. Les termes et conditions de cette confrontation restent néanmoins à préciser, l'urgence associée aux situations d'abandon précipitant souvent la mise en place d'une intervention, au détriment d'un exercice — tout aussi urgent et périlleux — de théorisation.

Ciblant 12 études de cas, cette première édition des Cahiers de Recherche du LEAP *Research Notebooks* convoque autour de cette thématique la discipline architecturale, l'histoire de l'art et la sémiotique.

De Montréal à Berlin, de Détroit à Turin, la variété des contributions est organisée autour de quatre tensions interrogeant le statut de ces structures (monumentalité/monument), les figures qu'elles cristallisent (utopie/ruine), leur échelle (architecture/urbanisme) et les imaginaires qui s'y développent (résistances/potentiels).

Les auteurs le montrent : les grandes structures urbaines abandonnées, loin d'être condamnées à l'inertie, sont des vecteurs de mémoire collective, de projets potentiels, d'imaginaires multiples, mais aussi de réévaluation critique de nos sociétés contemporaines. Dès lors, la grande structure urbaine abandonnée ne peut plus seulement être du ressort de l'économie ou de la planification foncière : l'entrelacement complexe des dimensions matérielles, techniques, sociales et culturelles la constituant invite les architectes à investir les réflexions portant sur sa survivance.

Entre les lignes d'une histoire architecturale ponctuée de fulgurantes opérations de table rase, s'immiscent des voix divergentes, questionnant non seulement les possibilités d'un recyclage ou d'une patrimonialisation, mais s'arrêtant, plus encore, sur les potentiels inhérents à la condition d'abandon de l'architecture. Giovanni Battista Piranesi, Aloïs Riegl, Aldo Rossi, Peter Eisenman, Le Corbusier, Reyner Banham, Melvin Charney, Colin Rowe, mais aussi Rem Koolhass, sont autant de penseurs, historiens de l'art, critiques et architectes ayant pavé la voie aux réflexions contemporaines sur le potentiel de l'architecture abandonnée. La confrontation entre architecture et abandon se voit ainsi triangulée par un troisième terme, le potentiel, lequel permet la formulation, en miroir, des interrogations suivantes :
– Dans quelle mesure l'attention portée à la condition d'abandon d'objets architecturaux pourrait-elle contribuer à une construction disciplinaire ?
– La prise en compte de la condition d'abandon — inexorable — pourrait-elle participer d'une évaluation de l'architecture contemporaine ? D'une évolution de ses pratiques ?
– À l'inverse, qu'est-ce que l'architecture pourrait apporter à l'étude de ces structures abandonnées qui, bien souvent, sont jugées comme non architecturales et reléguées au rang d'infrastructure ?

Un cahier de laboratoire
Fondé en 2002, à l'école d'architecture de l'Université de Montréal, le Laboratoire d'Étude de l'Architecture Potentielle (L.E.A.P) rassemble, depuis 2015, une équipe interuniversitaire de 10 chercheurs provenant des 4 universités montréalaises : Université de Montréal, Université Concordia, Université du Québec à Montréal (UQAM) et Université McGill. D'expertises et de formations variées, les chercheurs du L.E.A.P se retrouvent autour d'un questionnement général sur les relations entre théories et pratiques du projet d'architecture contemporain. Le L.E.A.P considère l'architecture du point de vue du « projet » et tire de fait son originalité d'une approche explorant la dimension *potentielle* de l'architecture.

La publication de ce numéro spécial prolonge les échanges du séminaire annuel du laboratoire qui s'est tenu à Montréal le 7 mai 2016. Cette journée a rassemblé 11 chercheurs, 7 doctorants associés au laboratoire et 4 étudiants-assistants à la maîtrise. Le professeur Jean-Louis Cohen (New York University, Fine Arts + Collège de France) a généreusement accepté d'accompagner et d'éclairer les réflexions menées tout au long du séminaire et nous présentons une synthèse de ses remarques éclairées en conclusion de ce cahier. La journée d'étude fut organisée autour de 12

présentations de chercheurs, elles-mêmes réparties en 4 sessions dont les thèmes rythment le présent cahier. Les chercheurs étaient invités, à partir d'un ou plusieurs cas de Grandes Structures Urbaines Abandonnées (G.S.U.A.), à répondre à la question suivante : de quels potentiels pour la ville, ces architectures pourraient-elles être porteuses ?

Révélateurs de crise
Inachevés ou abandonnés après un premier usage, les grands édifices urbains abandonnés témoignent d'une mise en crise des modes de connaissance et d'action traditionnels. Ils constituent un double défi, à la fois épistémologique et pragmatique, pour le chercheur et le praticien. Les controverses portant sur ces édifices sont des indicateurs des difficultés de définition et d'intervention qui y sont attachées. Ces architectures animent des intérêts divers, elles ne font pas consensus.

Incubateurs de projet
Si ces architectures semblent opposer, dès leur conception, une certaine résistance à l'aboutissement d'un projet, elles demeurent des terrains d'intérêt pour l'architecte : concours, appels à idées et propositions en ponctuent la période d'abandon. Rarement concrétisés, ces projets donnent néanmoins corps à l'architecture potentielle de ces objets. De plus, les dix dernières années ont vu se développer, au sein de ces édifices, des pratiques alternatives : *living labs* et travaux documentant les pratiques informelles se multiplient, témoignant d'un terreau favorable au questionnement des modalités de la pratique architecturale et urbaine. Le grand édifice abandonné devient incubateur de projets et de pratiques.

Statuts/ Figures/ Échelles/ Imaginaires
Dans la première section de ce

cahier, les textes font se rencontrer le caractère monumental des structures à l'étude et le statut de monument qui leur est parfois accolé. Entre permanence monumentale de certaines formes concentriques de la ville (**Chupin**), réinterprétation sémantique du monument moderne (**Martin**) et perte progressive des valeurs de monument historiquement associées aux grandes structures hospitalières (**Theodore**), cette première session rapproche le gigantisme d'échelle d'une charge mémorielle.

Une seconde section explore certaines figures associées à la rencontre entre architecture et abandon. Entre ruine et utopie, ces textes parlent de ces impulsions divergentes (rétroactives ou anticipatoires) qui accompagnent le devenir des ruines (**Roquet**). Elle revient également sur les impasses du stade olympique de Montréal, enlisé dans le modèle utopique de la mégastructure qui l'a vu naître (**Bilodeau**), ainsi que sur l'émergence d'alternatives de reconquête naturelle observées au sein de friches industrielles (**Hammond**).

La troisième section joue de l'homothétie en brouillant les échelles de lecture de la grande structure abandonnée, entre architecture, infrastructure (**Cormier**), morceau de ville (**Cucuzzella**) et territoire (**Boudon**). Anne **Cormier** illustre, par une série de 9 projets de l'atelier Big City portant sur l'autoroute Ville-Marie, le rôle d'une telle structure dans le développement de l'imaginaire de l'agence. La structure abandonnée, transposée à tout ou partie de la ville, interroge l'actualité de la notion de « cité-archipel » (Ungers, Koolhaas, 1977). Pierre **Boudon** en propose une schématisation à partir des articulations liant territoire et édifications. Carmela **Cucuzzella** en pointe certains dangers, via l'analyse

de projets de concours ayant porté sur le *Packard Plant* de Détroit.

Enfin, la dernière section mesure les écarts entre résistances et potentiels. Elle entend cerner les conditions de déploiement d'un projet de la grande structure urbaine abandonnée. Georges **Adamczyk** revient sur le cas paradigmatique du silo no 5 de Montréal et sur la myriade de projets s'y étant attelée. La « projetabilité » de ces structures est aussi mesurée par l'activité cinématographique entourant l'abandon de ces structures, laquelle contribuerait à insuffler de nouveaux sens (**Raynaud**). La session se clôt sur la présentation d'un dispositif de catégorisation des Grandes Structures Urbaines Abandonnées, lequel intègre leur force de projection (**Abenia**).

Chacune des 4 sessions du séminaire annuel était suivie d'une phase de discussion amorcée par les réflexions de Jean-Louis **Cohen** et animée par les doctorants du laboratoire. Nous avons tenu à ce que cette dynamique reste perceptible dans l'organisation de ce numéro, en intégrant des tribunes doctorales rédigées suite au séminaire. La variété des propositions rassemblées dans ce cahier traduit une volonté de ne pas imposer de convergence entre les différentes contributions. Nous souhaitions conserver cette tension entre autonomie des parties et contribution à un tout, une dynamique représentative du laboratoire L.E.A.P : rassemblement de chercheurs parvenu à une maturité propice à l'accueil et à la formation des futurs chercheurs. Le fait que la thématique proposée lors de notre rencontre annuelle prenait appui sur les travaux originaux d'une doctorante (Tiphaine Abenia) avait valeur de mise à l'épreuve de notre capacité à penser collectivement, comme de la fertilité d'une question architecturale. Le lecteur jugera désormais de l'une comme de l'autre, puisque nous avons

voulu diffuser ces réflexions avec pour principal souhait que ce partage, dans les mots de Jean-Louis Cohen, vous permette aussi de mieux comprendre : « ce que vous cherchez ».

Architecture | Abandonment | Potential: Three Terms for a Fertile Equation

Jean-Pierre Chupin and Tiphaine Abenia

This inaugural issue of Cahier de Recherche du LEAP Research Notebooks is devoted to the immemorial relation between architecture, abandonment and potential.

The notion of abandonment in architecture can relate to the design stage of the project (unrealized architecture), the construction of the building (unfinished architecture) and often after a first use (abandoned architecture); the latter two facets are those being investigated here, since they are both particularly pertinent in the observation of the contemporary city. Paradoxically, focusing reflections on the phenomenon of the **Abandoned Large Urban Structure** impose to consider its scale - extensive - and context - eminently urban.

The Abandoned Large Urban Structure is a multifaceted notion that brings to mind images of unfinished towers (Ryugyong Hotel, North Korea), ghost towns of the economic crisis (*el Pocero*, Spain), remnants of the industrial era (the Silo 5, Montreal), as well as the abandoned infrastructure of contemporary cities (*La petite ceinture*, Paris). This phenomenon, characterized by the abandonment of entire city fragments, can be observed in most major cities today. It affects more intensely structures designed without aesthetic endeavor, of an anonymous nature, built in the 20th century and often not recognized by heritage conservation. These large-scale buildings possess an important symbolic weight and their building systems resist entropy. As a result, they undermine the traditional logic of demolition. With long periods of abandonment, these architectures do not belong to conventional cycles of regeneration; they remain unconsidered in major urban projects and act as parasites to urban planning endeavors.

The foundations of this multifaceted issue are thus laid: somewhere between reflections on memory, ecology, social, building and design issues; an interdisciplinary understanding of this global event feeds the richness of the encounters between architecture, abandonment and potential. The terms and conditions of this confrontation remains to be defined; the urgency associated with the abandonment of structures, often rushing an intervention, inhibits the crucial and precarious exercise of a theoretical point of view.

This first issue of *Cahiers de Recherche du LEAP Research Notebooks* targets 12 case studies, each structured around a common theme: the architecture discipline, art history and semiotics. From Montreal to Berlin, from Detroit to Turin, the contributions vary within four tensions; each call into question the manifestations of figures (utopia/ruin), the status of these structures (monumental/monument), the scales (architectural/city planning), and the imaginaries that ensue (resistance/potential).

Indeed, the authors reveal: these large abandoned urban structures are far from being static objects. Rather, they are vectors of a collective memory, of potential projects, of multiple imaginations, and also a trigger for a critical re-evaluation of modern societies. Therefore, the understanding of these abandoned structures cannot be restricted to economic studies and urban planning policy: the complex interweaving of material, technical, social and cultural dimensions are reason to call upon architectural reflections.

Between the lines of an architectural history punctuated by violent appeals for *tabula rasa*, some divergent voices try to emerge. They call into question not only the very possibilities of reuse, but above all they point out the inherent potential that lies within the state of abandonment in architecture. Giovanni Battista Piranesi, Aloïs Riegl, Aldo Rossi, Peter Eisenman, Le Corbusier, Reyner Banham, Melvin Charney, Colin Rowe, as well as Rem Koolhaas, are thinkers, art historians, critiques and architects that have paved the way for contemporary reflections regarding the potential of abandoned architecture. The confrontation between architecture and abandonment is thus held together by a third term, potential, which allows the wording for the following questions:
- To what extent could this attention given to the condition of abandoned architectural objects participate towards disciplinary advancements?
- Could accountability for the condition of abandonment, which is fundamentally inevitable, take part in an evaluation of contemporary architecture? In the evolution of its practices?
- Conversely, what could architecture bring to the study of these abandoned structures, considering that they are often deemed as non-architectural and reduced to the status of infrastructure?

A Laboratory Notebook
Founded in 2002 at the Université de Montreal School of Architecture, the Laboratoire d'Étude de l'Architecture Potentielle (L.E.A.P.) brings together, since 2015, an interuniversity team of 10 researchers from 4 Montreal universities: Université de Montréal, Concordia University, Université du Québec à Montréal (UQAM) and McGill University. With varying expertise and education, the L.E.A.P. researchers gather around a general enquiry on the relationship between theories and practices of contemporary architectural projects. The laboratory's perspective on architecture is from the point of view of the 'project,' drawing its originality from an approach that explores the potential dimensions of the architecture.

This special issue extends the discussions from the laboratory's annual seminar that took place in Montreal on May 7, 2016. This day brought together 11 researchers, 7 PhD students associated with the laboratory, and 4 student assistants at the master's level. Professor Jean-Louis Cohen (New York University + *Collège de France*) had generously agreed to enlighten and supplement the discussions during the seminar, thereby, a summary of his remarks are included in the conclusion. This educational day was organized around 12 presentations. The researchers were divided between 4 sessions whose themes punctuated this notebook. They were invited, drawing from one or several case studies of Abandoned Large Urban Structure to answer the following question: With regards to the city, what potential do these architectures hold?

Indicative of Crisis
Unfinished or abandoned after a first use, large abandoned urban buildings bear witness to a development crisis of the traditional modes of knowledge and actions. They are a twofold challenge, both epistemological and pragmatic, for the researcher and the practitioner. The controversies around these buildings are indicative of the problems attached to their definition and the responses they incite. These architectures provoke diverse interests; consequently, they rarely converge on a consensus.

Project Incubators
On the one hand, these architectures seem to resist any achievements as projects, on the other hand, they remain fields of experimentation for architects, be it through competitions, calls for ideas or proposals: all events that qualify their status as abandoned architecture. While these projects are rarely realized, they nevertheless give substance to these objects with potential. Over the last ten years, these large structures have inspired the development of alternative practices: living labs and works documenting informal practices are becoming more popular, creating a breeding ground for an inquiry on the methods used by architectural and urban disciplines. In a way, large abandoned buildings have become incubators for projects and practices.

Status/ Figures/ Scales/ Imaginaries
The first section of this notebook juxtaposes the monumental character of structures and the status of the monument that they are sometimes given. Between the subjects of monumental perpetuity of concentric forms of the city (**Chupin**), semantic reinterpretation of the contemporary monument (**Martin**), and progressive loss of monumental value historically associated with large hospitals (**Theodore**), this first section reconciles the immensity of scale and its impact on the collective memory.

A second section studies the variety of figures that arise when architecture encounters abandonment. Somewhere between utopia and ruin, these texts are about divergent impulses (retroactive or anticipatory) that accompany the making of ruins (**Roquet**). The discussion also brings up the difficulties concerning Montreal's Olympic Stadium; now stuck in the megastructure utopian model where it was conceived (**Bilodeau**), as well as the emergence of alternatives to reclaiming, in a natural manner, brownfield sites (**Hammond**).

The third section blurs perceived scales of abandoned structures with: architectures, infrastructure (**Cormier**), parts of the city, (**Cucuzzella**) and territories (**Boudon**). Anne **Cormier** illustrates, through a series of 9 projects on the Ville-Marie Expressway by Atelier Big City, the role of such a structure in the development of the company's emblematic imagination. The abandoned structure, transposed to all or part of the city, questions the relevance of the "archipelago city" notion (Ungers, Koolhaas, 1977). Pierre **Boudon** proposes a mapping of the intersections between territory and edification. Carmela **Cucuzzella** identifies some of its dangers, by analyzing the Detroit Packard Plant competition.

Finally, the last section measures the difference between resistance and potential. It intends to identify the conditions that enable a project to emerge within an abandoned large urban structure. Georges **Adamczyk** comes back on the paradigmatic case of Montreal's silo No. 5 and the myriad of projects that have been attempted. The "*designability*" of these structures is also measured by the cinematographic activity surrounding the abandonment of these structures, which would provoke a fresh outlook (**Raynaud**). The section ends with the presentation on the categorization of the Abandoned Large Urban Structures, which rationalizes their strengths as project makers (**Abenia**).

Each of the 4 sessions of the L.E.A.P. annual seminar was followed by discussions initiated by Jean-Louis **Cohen**'s reflections and prompted by doctoral students. To uphold this dynamic organization in this issue, doctoral commentaries were written after the seminar. The variety of proposals gathered in this book expresses a desire to avoid an imposed convergence between different contributors. We wanted to keep this tension between autonomy of the parties and contribution to a whole; a dynamism that is representative of the L.E.A.P. Laboratory: a group of researchers that has reached a maturity conducive to training new scholars. The fact that the theme proposed for this annual meeting was based on the original questioning of a doctoral student (Tiphaine **Abenia**) was intended to challenge our ability to think collectively, while proving itself fertile as an architectural issue. Readers will now judge both for themselves, since the dissemination of these encounters was meant, as recalled by Jean-Louis Cohen, to encourage a better understanding of "what you are searching for."

STATUTS :
ENTRE
MONUMENTALITÉ
ET MONUMENT

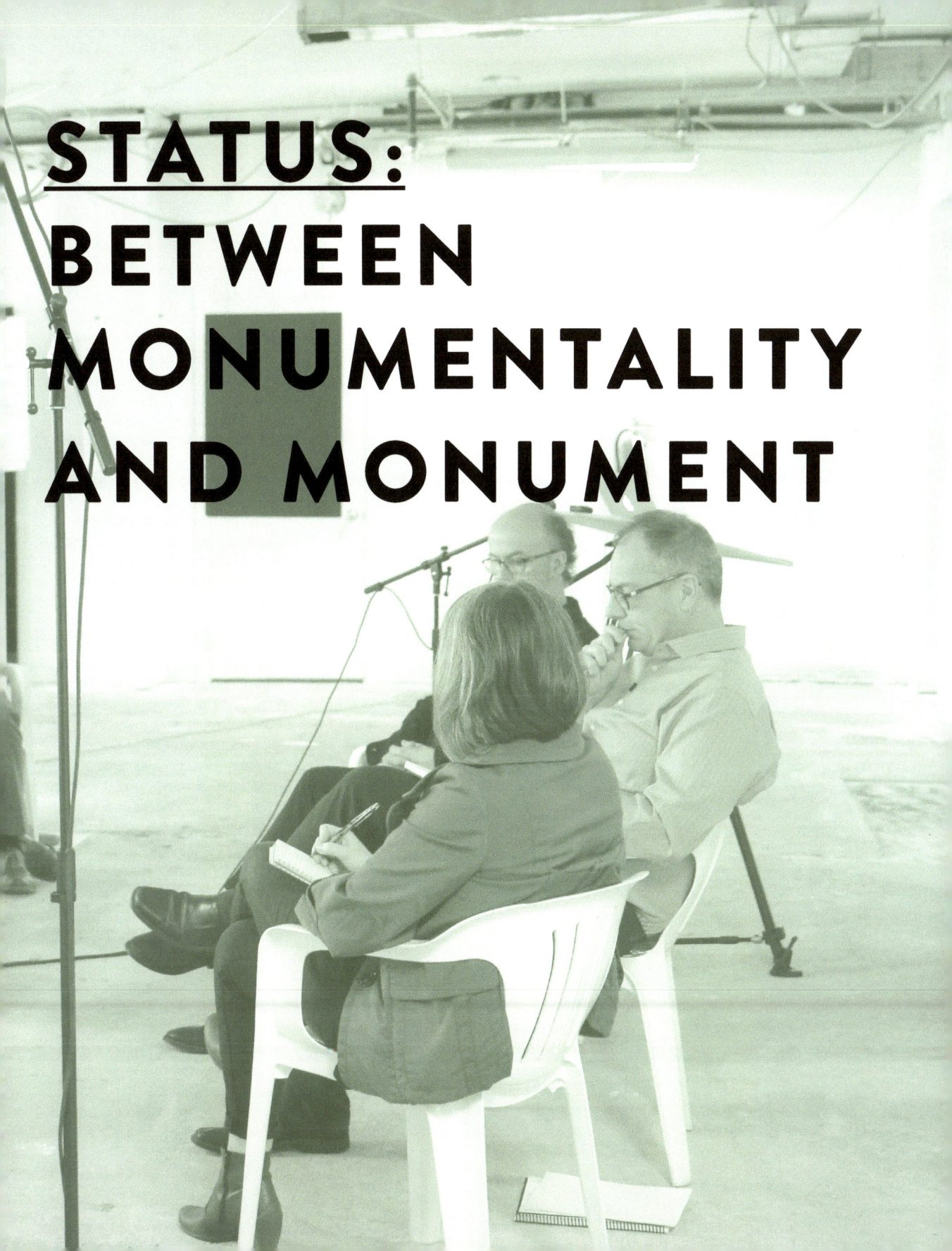

STATUS:

BETWEEN

MONUMENTALITY

AND MONUMENT

De l'architecture abandonnée à l'architecture potentielle : abandon[n]

Jean-Pierre Chupin, Université de Montréal

If architecture in a state of abandonment was the theme that brought our team together in May 2016, then seeking to understand the potentiality of such architecture was our shared object of investigation during this annual seminar, carrying forward what has been a fundamental concern of the Laboratoire d'étude de l'architecture potentielle (LEAP) since 2002. Combining the terms abandonment and potentiality, my own reflection cannot be linear. Intentionally rhizomatic, this introductory proposal is subject to detours by Aldo Rossi, Etienne-Louis Boullée, and Peter Eisenman, passing through the work of André Breton and Raymond Queneau, all of whom can be considered architects of language itself.

Si la problématique de l'architecture abandonnée constituait l'objet du ralliement de l'équipe lors du séminaire annuel en mai 2016, la compréhension de la dimension *potentielle* de l'architecture dans l'espace du *projet* demeure notre objet commun d'interrogation : ce qui fonde l'idée même du *Laboratoire d'étude de l'architecture potentielle* (*LEAP*) depuis 2002.

Conjuguant ces deux termes, *abandon* et *potentialité*, ma propre réflexion ne saurait être linéaire. Délibérément rhizomatique, cette proposition introductive se risque à des détours par Aldo Rossi, Étienne-Louis Boullée, Peter Eisenman en passant par André Breton et Raymond Queneau : autant d'architectes du langage. Ce ne sera qu'un survol initial, certainement non clos, sorte de balayage évoquant ce mouvement de radar historique et théorique esquissé par le grand tableau de la *Città Analoga* d'Aldo Rossi et compagnie, que nous avons entrepris de décrypter dans un recueil de textes sur l'analogie dès 2010[1]. Rossi en abandonna l'idée, comme il abandonna l'écriture au début des années 1980. En parcourant la bibliographie, de Rossi ou sur Rossi, il y a en effet de quoi être frappé par la dissymétrie entre la période 1954–1981 et la période 1981–1997. Après 1981, c'est-à-dire pendant les 16 dernières années de sa vie, et de façon caractéristique après la publication de son *Autobiographie scientifique*, Rossi n'écrit à peu près

plus rien. Son verbe s'efface et fait place à la cohorte de commentateurs, critiques et journalistes qui s'empare de son œuvre. Dans l'espace restreint de cette évocation, je ne verserai pas dans l'hagiographie haletante dont témoignent de nouvelles expositions et publications en 2015 et 2016[2], pour me ranger derrière deux articles de Jean-Louis Cohen : l'un en 1989 «Aldo Rossi en France, l'incompris intime», l'autre intitulé «Infortune transalpine : Aldo Rossi en France» publié dans des mélanges dédiés à Bernard Huet en 2000.

Un passage sur l'incompréhension — voire le malentendu — me semble propice à une distance critique : «L'insistance de Rossi — écrit Cohen — sur les valeurs de la mémoire et sur la continuité des traditions architecturales régionales n'étaient pas destinées à trouver le même écho (*NB : en France qu'en Italie*). Entre un discours dominant basé sur l'idée de créativité individuelle, dans un pays aux villes et au territoire ravagé par une sorte de concours de bricolage généralisé, et une sourde remontée des valeurs de la technique la plus ostentatoire, le rapport intime proposé par l'architecture de Rossi entre les temps actuels et le parfum des lieux familiers ou la texture des briques empilées n'avait rien pour séduire»[3]. Il me semble que certains des termes de la problématique et de la poétique des structures urbaines abandonnées se logent par anticipation dans cette réflexion. J'en retiens deux pôles, la créativité d'un côté, la technique de l'autre, et deux énigmes, la mémoire collective et la texture, le « parfum » dit Cohen pour parler des expériences intimes avec les lieux.

Renonçant à l'écriture de son projet de traité sur la *Città Analoga*, Rossi fera allusion plus d'une fois à l'abandon même de l'architecture comme discipline. Sa lecture de la ville est globalement antifonctionnaliste et dans l'*Autobiographie,* il souligne que « les fonctions varient avec le temps »[4] avant de poursuivre : « Dans *L'architecture de la ville*, je me suis toujours référé à cette idée lorsque je parlais des monuments, car je voyais d'anciens palais habités par plusieurs familles, des couvents transformés en écoles, des amphithéâtres transformés en terrains de football, et ces mutations étaient toujours plus réussies là où ni l'architecte ni quelque sagace administrateur n'étaient intervenus »[5].

Il faudrait donc considérer en premier que la survie du projet dans l'objet peut dépendre de l'abandon du programme initial et que cela n'entame en rien

sa charge potentielle. En ce sens, un édifice peut être bien vivant parce qu'il a abandonné la chrysalide qui a servi à le concevoir.

Les exemples de monuments qui articulent la matière urbaine et dynamisent cette « création humaine par excellence » qu'est la ville (citant plusieurs fois Claude Lévi-Strauss à ce sujet) ne manquent pas. Ces monuments, de par leur gigantesque présence, se présentent comme les éléphants dans le magasin de la porcelaine urbaine. Les arènes d'Arles et le Colisée, figures concentriques aussi massives que pérennes, constituent distinctement des illustrations de « faits urbains »[6]. Citant le principe de Milizia « qui dit belle ville dit bonne architecture », il interroge en particulier la figure même de l'amphithéâtre, sachant que les édifices dont ils parlent ont tous été abandonnés selon les époques : « L'amphithéâtre a une forme précise ; sa fonction est également très claire. Il n'a pas été pensé comme un contenant quelconque ; ses structures, son architecture, sa forme sont au contraire

extrêmement élaborées. Mais un événement extérieur, qui correspond à l'un des moments les plus dramatiques de l'histoire de l'humanité, bouleverse sa fonction : ce qui était un théâtre devient une ville. Et ce théâtre-ville est aussi une forteresse : il renferme et protège la ville tout entière. Ailleurs, une ville se développe entre les remparts d'un château, qui constituent sa limite exacte, mais également son paysage, comme à Vila Viçosa, au Portugal »[7].

Citant cette fois Fontana, sur le potentiel du Colisée : « [...] si le Pape avait seulement vécu un an de plus, le Colisée aurait été transformé en habitation »[8]. Tandis que le projet du pape Sixte-Quint transformait le Colisée en filature de laine avec habitations pour les ouvriers en 1590, le projet que Carlo Fontana développera en 1707 — et qui restera à l'état de pure potentialité dans ses cartons — transmuait, ni plus ni moins, le Colisée en un forum avec église à plan central **[Fig. 1]**. Faut-il souligner que nous parlons à chaque fois d'une grande structure urbaine en suspens : « Ils représentent une valeur plus forte que l'environnement et plus forte que la mémoire. Il est significatif que les grands ouvrages urbains n'aient jamais été détruits »[9], poursuit Rossi avant de tenter une théorie : « on pourrait dire que le monument est une permanence, parce qu'il occupe déjà une position dialectique à l'intérieur du développement urbain [...] »[10]. Ce serait donc tantôt la forme achevée, tantôt les valeurs foncières, qui détermineraient le destin créateur de l'abandon. Dans la préface de l'édition portugaise publiée en 1977, écrite en 1971, Rossi prendra cette fois l'exemple des arènes d'Arles, ou de l'amphithéâtre de Lucques comme témoins du retournement des grandes formes architecturales.

Dans la veine de Rossi, on peut encore conceptualiser les aléas des arènes romaines en partant du cirque initial, qui existait d'abord par la qualité

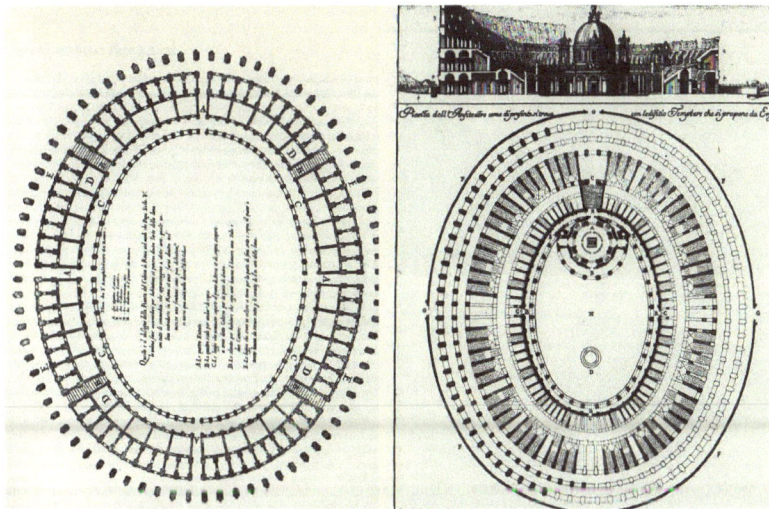

Fig. 1 Les transmutations du Colisée : à gauche projet du pape Sixte-Quint pour la transformation en filature de laine avec habitations pour les ouvriers (1590), à droite projet de Carlo Fontana pour une transformation en un forum avec église à plan central (1707). Source : Rossi, Aldo, *L'architecture de la ville*, Paris, L'Équerre, 1981. pp. 106-107.

Fig. 2 Projet de cirque (abandonné) : Première variante d'un projet de cirque «colossal» par Étienne-Louis Boullée. Source : Boullée, Étienne-Louis, *Essai sur l'art. Colisée.* 111 v°.

de son creux, comme abysse dans laquelle on sombrait sous l'empire de la cruauté des jeux. Puis le cirque devint muraille, accessoirement réservoir de matière urbaine, possiblement ruine délaissée, et donc terrain vague en plein cœur de la ville, avant de devenir monument, aussi antique que romantique, et désormais pivot ou repère incontournable d'une cartographie touristique.

Nous devons évoquer aujourd'hui le phénomène de *patrimonialisation*, à la fois comme reconnaissance suprême et, paradoxalement, comme abandon du statut d'architecture potentielle. La patrimonialisation est un achèvement et en ce sens elle s'oppose à ce que Rossi désigne dans ses notes éparses consignées dans l'*Autobiographie scientifique* par l'inachèvement de l'abandon[11]. Joli paradoxe qui en inspire un autre : pour mieux conserver leur potentiel architectural, il faudrait préserver certaines grandes architectures de l'entreprise d'achèvement des protecteurs du patrimoine. D'où ma propre proposition d'axiome : une grande structure urbaine abandonnée serait au zénith de sa potentialité juste avant son classement patrimonial.

Laissons provisoirement Rossi pour convoquer une de ses références en la personne d'Étienne-Louis Boullée. Boullée, qu'un théoricien de la perte

de conscience symbolique en architecture tel qu'Alberto-Perez Gomez, dans la foulée de Dalibor Vesely, a toujours considéré comme le dernier grand architecte légitimement symbolique[12]. On connaît les projets «ensevelis» de Boullée, son «architecture des ténèbres», on connaît moins ses cirques, ses «Colisées». Deux cirques figurent dans l'*Essai sur l'art*[13], mais il en abandonnera «l'idée», car elle avait été selon lui mieux décrite dans un mémoire produit par l'abbé Brottier (dont il n'eut connaissance qu'après avoir montré ses propres projets). Stoïque, quoiqu'un peu amer, il en revendiquera tout de même le «caractère» et qualifiera l'essence du cirque par son envergure «colossale» **[Fig. 2]**.

On aura remarqué que ce survol se resserre progressivement sur les figures concentriques. De l'amphithéâtre au cirque en passant par l'antique Bagdad, ensevelie et donc abandonnée, on peut se rendre jusqu'à Disney World Paris (sur lequel Rossi avait produit un projet qui fut abandonné), dont la figure finale **[Fig. 3]** est aussi circulaire que l'île d'Utopie de More **[Fig. 4]**, mais sans doute moins critique et que l'on se prend à imaginer dans un état d'abandon. De là, on parvient rapidement au dernier cirque en date : le nouveau Campus Apple 2 à Cupertino conçu par Lord Norman

Foster et qui devrait être inauguré en 2017 **[Fig. 5]**. À peine sorti de terre, pourrions-nous déjà aujourd'hui imaginer le Campus Apple dans un état d'abandon ? Paradoxalement, et à n'en pas douter, les photographies des phases de terrassement et d'établissement des fondations nous donnent souvent une bonne idée des phases ultimes qui précèdent la destruction d'un édifice.

Nous définissons généralement l'architecture potentielle par la variété et la puissance d'incarnation d'un

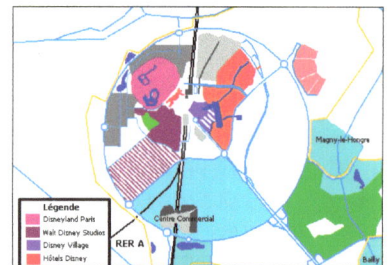

Fig. 3 Schéma du domaine de DisneyLand Park Paris (2005). Source : https://commons.wikimedia.org/wiki/File:DLRP_schema.png?

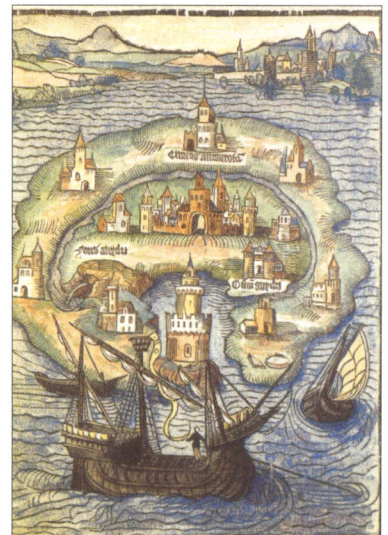

Fig. 4 Plan de l'Ile d'Utopie.
Source : Thomas More, *Libellus vere aureus nec minus salutaris quam festivus de optimo reipublicae statu, deque nova insula Utopia*, Louvain (1516).

Fig. 5 Vue aérienne du Campus Apple 2 : Projet conçu par Foster and Associates à Cupertino (Californie). Source : http://www.cupertino.org/index.aspx?page=1107

projet. Prenons l'idée de «Walking City» qui est bien une architecture potentielle — à ma connaissance non incarnée — qui ne cesse d'irriguer les imaginaires architecturaux. Transformons cette idée en résidu de la société de consommation, comme la société du spectacle sait produire sa propre obsolescence, et recouvrons cette idée du sable fin dont on pare les ruines antiques conquises par le désert. Que trouvons-nous ? Une planche du *Festival planétaire* d'Ettore Sottsass, publié en 1972 dans «A Pop Utopia» dans le numéro 365 de *Casabella* [Fig. 6]. On pense immanquablement

aux dernières images de l'adaptation cinématographique du roman de Pierre Boule, *La Planète des Singes*, réalisée par Franklin Schaffer en 1968, avec son New York enseveli dont seule émerge la partie supérieure de la Statue de la Liberté.

À partir de quand est-il loisible et légitime d'imaginer l'abandon d'une architecture ? Question théorique ou bien taboue ? Historique, à tout le moins, si l'on revient à la période de la Révolution française pour considérer un demi-abandon : la cité idéale de Chaux de Claude-Nicolas Ledoux (1736-1806). Un projet à demi réalisé est-il un projet à demi abandonné ? À l'inverse, la potentialité peut-elle être à demi préservée ? C'est à mon sens ce que Rossi a tenté de faire avec le sceau qui orne la dernière édition approuvée par lui de *L'Architecture de la ville* en 1994 [Fig. 7]. Un mixte de schéma imaginaire et de reconstitution archéologique du Mausolée d'Adrien, sorte de négatif du cirque colossal, qui a longtemps servi de résidence fortifiée des Papes successifs, sous la

Fig. 6 *Walking City* d'Archigram : une architecture potentielle paradoxalement ensevelie dans le Festival planétaire d'Ettore Sottsass (1972). Source : Planche publiée dans «A Pop Utopia» dans le numéro 365 de *Casabella*.

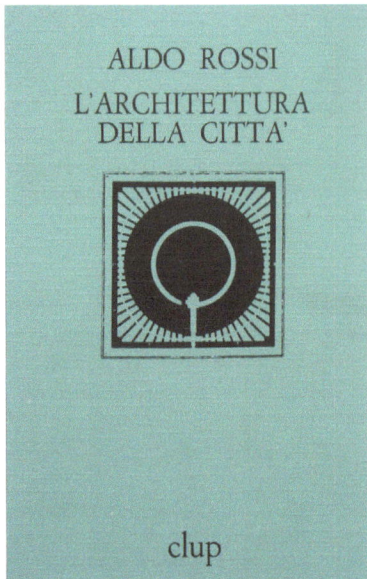

Fig. 7 L'*Architettura Della Città*. Aldo Rossi. Couverture de l'édition Clup (1987), considérée comme la plus fiable tant du point de vue des illustrations intérieures que de celui du choix du plan schématique du Mausolée d'Adrien, placé sur la couverture comme un emblème aux multiples significations symboliques par Rossi.

forme du Château Saint-Ange, mais qui a désormais été abandonné par le Vatican aux hordes de touristes qui en gravissent inlassablement le chemin spiralé. Avec ce diagramme, il s'agit pour Rossi de conjuguer le réel et l'imaginaire, comme dans la Venise de Canaletto. Au final, avec Rossi, on distinguera l'abandon actualisé de l'abandon potentiel et l'on se permettra d'y voir une forme analogique de l'abandon qui nous ramène directement à la *Città Analoga*. Eisenman en donne l'explication suivante dans le catalogue *Aldo Rossi in America: 1976 to 1979*, publié par l'IAUS : « *In a sense, the* Città Analoga *is an attempt to deny the city of ruin, to deny the suffocating thrust of Tafuri's implied proscription of architecture. For the ruin, as part of a specific architectural tradition, brings with it the nostalgia of history. Nostalgia links ruin to man; incompletion distances life from remorse… The* Città Analoga *drawings possess a*

consciousness of this interruption. Not yet an architecture assassinée *but an* architecture abandonée *(sic)* »[14]. Ironie du sort, une étrange coquille s'est glissée à la fois dans le titre de la partie I de l'article d'Eisenman et dans la citation. Le mot abandonné se voit amputé d'un « n » et c'est sur ce n manquant que je voudrais finalement projeter une définition de l'*architecture potentielle*.

Grand maître de l'*Ouvroir de littérature potentielle*, Jean Lescure rappelle qu'à l'origine, et pendant quelques mois, l'Oulipo s'appelait le S.L.E pour *Séminaire de littérature expérimentale*. Mais comme le mot séminaire les gênait : « […] par une sorte de rappel des haras et de l'insémination artificielle ; ouvroir, au contraire flattait ce goût modeste que nous avions pour la belle ouvrage et les bonnes œuvres… L'illumination fut générale. Et le mot "expérimental", nous ayant paru fonder toute l'opération sur des actes et des expériences encore mal discernables, nous jugeâmes prudent de nous asseoir sur une notion objective, sur un fait réel de l'être littéraire : sa potentialité »[15]. Puis cette fameuse définition de François Le Lionnais : « Oulipiens : rats qui ont à construire le labyrinthe dont ils se proposent de sortir ». En supprimant un des n de l'architecture abandonnée, Eisenman ne se serait pas contenté d'un simple lipogramme[16], il aurait versé dans le ½ *lipogramme* massacrant au passage le principe des doubles consonnes.

Une telle rumination de plusieurs définitions historiques de la potentialité éclairant ce que nous visons par nos recherches sur l'architecture en projet, au croisement du virtuel et de l'actuel, ne saurait conclure le balayage du radar en passant outre la célèbre définition d'André Breton dans le *Manifeste du surréalisme*. Celle-ci évoque à la fois l'analogie et l'électricité : « C'est du rapprochement en quelque sorte

fortuit des deux termes qu'a jailli une lumière particulière, lumière de l'image (…) La valeur de l'image dépend de la beauté de l'étincelle obtenue ; elle est par conséquent, fonction de la différence de potentiel entre les deux conducteurs… »[17]. En transférant cet aphorisme dans le domaine de l'architecture, on en déduira que plus étranges seront les raisons de l'abandon (par rapport à la présence de la grande structure), plus forte sera l'énergie de sa potentialité.

Notes

[1] Chupin, Jean-Pierre, *Analogie et théorie en architecture (De la vie, de la ville, et de la conception, même),* Gollion, Infolio, (2010). Édition révisée et augmentée en 2013. Voir Chapitre : « L'architecture de la ville ».

[2] Trois expositions témoignent de cette résurgence : la première en 2012 au Centre Pompidou (*La Tendenza, Architectures italiennes 1965-1985*) qui montra pour la première fois, depuis les années 1970, une version plutôt délabrée de la *Città Analoga* (1976) sortie d'une archive privée, puis deux expositions à Maastricht et Lausanne produites par le Bonnefantenmuseum et la Fondazione Aldo Rossi sur l'œuvre et les archives de Rossi lui-même (*Aldo Rossi – La Finestra del Poeta*). Le numéro spécial des *cahiers de théorie* de l'EPFL (*Aldo Rossi, Autobiographies partagées*) publié en 2000, sous la direction de Jacques Gubler et Edith Bichanchi, avait donné le ton et force est de constater que l'hagiographie se conjugue au marché de l'art depuis, les hommages laissant souvent peu de place aux analyses et aux critiques distanciées.

[3] Cohen, Jean-Louis, « Infortune transalpine : Aldo Rossi en France », in *L'Architecture et la ville, Mélanges offerts à Bernard Huet*, Paris, Éditions du Linteau, 2000. pp. 57-59.

[4] Rossi, Aldo, *Autobiographie scientifique*, Marseille, Éditions Parenthèses, 1988. p. 139.

[5] Ibid. p. 139.

[6] Rossi, Aldo, *L'architecture de la ville*, Paris, L'Équerre, 1981. p. 151.

[7] Ibid. p. 105.

[8] Ibid. p. 105.

[9] Ibid. p. 108.

[10] Ibid. p. 108.

[11] Rossi, Aldo, *Autobiographie scientifique*, Marseille, Éditions Parenthèses, 1988. p. 112.

[12] Pérez-Gomez, Alberto, *L'architecture et la crise de la science moderne*, Bruxelles, Mardaga, 1987. (Traduction Jean-Pierre Chupin). Vesely, Dalibor, *Architecture in the Age of Divided Representation (The Question of Creativity in the Shadow of Production),* Cambridge, Mass., The MIT Press, 2004.

[13] Rédigé en 1797 son *Essai sur l'art* ne sera rendu public qu'au XXe siècle, en 1953 : *Architecture. Essai sur l'art*, manuscrit, Bibliothèque nationale de France ; Helen Rosenau (éd.), *Boullée's Treatise on Architecture by Étienne-Louis Boullée*, Londres, Alec Tiranti Ltd., 1953.

[14] Eisenman, Peter, « The House of the Dead as the City of Survival » in *Aldo Rossi in America : 1976 to 1979,* New York, IAUS, 1979. p. 6.

[15] Lescure, Jean, « Petite histoire de l'Oulipo » dans *Oulipo, La littérature potentielle*, Paris, Gallimard, 1973. p. 26.

[16] Il s'agit d'une forme de contrainte d'écriture littéraire que les Oulipiens nomment le « lipogramme » en ce qu'il impose la règle de suppression d'une lettre. L'écriture en lipogramme a été sublimée par Georges Perec dans son ouvrage de 300 pages intitulé *La Disparation*, en 1969, à propos duquel certains critiques littéraires, agacés par son étrange écriture, ne remarquèrent jamais qu'il y manque la lettre e, de part en part.

[17] Breton, André, *Manifeste du surréalisme*, Paris, Éditions du Sagittaire, 1924.

De la ruine au chantier, réflexions sur le potentiel tectonique des structures abandonnées

Louis Destombes, Université de Montréal

Where does the contemporary fascination with abandoned buildings come from, as seen in photography, film, and the graphic arts? It seems partially due to buildings' capacity to outlive the institutions and programs by and for which they were created. The notion of the permanence of the built environment is perhaps nowhere more fully realized than in exposed structures. The recovered structure is therefore symbolically released from the use for which it was initially created. In consequence, it becomes ripe for the projection of a new appropriation.

D'où provient la fascination contemporaine pour les édifices abandonnés qui traverse les représentations de l'architecture dans la photographie, le cinéma, ou les arts graphiques?
Cette aura semble due, au moins en partie, à la faculté qu'ont les édifices de survivre aux institutions et aux programmes par et pour lesquels ils ont été créés. L'idée de permanence des constructions n'est peut-être incarnée nulle part avec autant de force que dans les structures mises à nue, débarrassées des éléments secondaires, équipements, quincaillerie, revêtements, etc. qui les dissimulaient auparavant. Advenant que l'abandon d'un édifice se traduise dans le temps par la disparition du second œuvre qui le rendait fonctionnel et habitable, la structure rescapée est alors symboliquement débarrassée de l'usage pour lequel elle a initialement été réalisée. Elle devient, par conséquent, disponible pour y projeter une nouvelle appropriation.

Cette capacité qu'ont les structures de stimuler un imaginaire de projet, du fait même de leur abandon, peut-elle éclairer le rôle joué par l'expression tectonique au cours du processus de création architecturale? En d'autres termes, si ce potentiel se manifeste sur le plan programmatique à travers des projets visant à réinvestir l'ossature par de nouveaux usages, dans quelle mesure opère-t-il également au niveau de l'anticipation d'une expression tectonique dans la fabrication du projet? Nous proposons de développer cette réflexion sur le potentiel tectonique des grandes structures abandonnées en rapprochant l'état d'abandon d'une autre étape cruciale : le chantier de construction. Édification et abandon constituent tous deux un état de suspens dans la vie d'un édifice, un entre-deux où la relation entre le projet architectural et la réalité de la construction se joue de manière critique. Le parallèle entre structure en construction et structure abandonnée tel que nous le proposons prend la forme d'un chiasme : là où le chantier concrétise le potentiel d'un projet en un édifice, l'abandon retourne l'édifice à l'état de potentiel.

Établir un lien entre l'état de suspens propre aux structures abandonnées ou en construction et leurs potentiels en termes d'expression tectonique implique un détour préalable par l'histoire. Comme le montre Nicholas Roquet dans son article, l'idée de permanence en architecture était, jusqu'au dix-neuvième siècle, indubitablement associée aux représentations d'édifices en ruines. La série des dessins de Joseph Gandy illustrant le projet de John Soane pour la *Bank of England* est emblématique de cet engouement. Le dessinateur-architecte figure des parties de l'édifice dans un état de délabrement avancé, s'appuyant sur le registre esthétique du sublime pour transmettre le potentiel expressif de la structure maçonnée. La *vue à vol d'oiseau* de 1830 se distingue par un statut plus ambigu encore. Le dessin, réalisé à la manière d'un écorché, oscille entre les codes graphiques de la restitution archéologique, de l'imaginaire romantique de la ruine et de la description précise et analytique d'un édifice en cours de construction. Représenté sans toiture, l'édifice se résume à un complexe architectonique de murs, de colonnes et d'arches à moitié érigés. Il est impossible de déterminer si le sujet du dessin est un chantier déserté par ses ouvriers ou une architecture antique ayant subi les outrages du temps. Cet état de suspens de la structure, où se rejoignent les imaginaires du chantier et de la ruine, constitue pour Soane et son collaborateur une manière de transcender la banalité de l'architecture londonienne contemporaine. Partiellement réalisés et dénués de revêtement et d'ornements, les voûtes et les dômes du projet en cours de construction puisent dans l'image de la ruine antique l'expression sublime d'une présence immémoriale.

Les systèmes constructifs filigranes caractéristiques de l'architecture du vingtième siècle, poteau-dalle en béton armé et charpentes métalliques, se prêtent au moins autant que les structures maçonnées du dix-neuvième siècle aux rapprochements entre chantier et abandon. Les photographies documentant la construction des premiers gratte-ciels américains montrent des charpentes d'acier qui se dressent fièrement dans les airs, exprimant avec une simplicité frappante le schéma spatial de l'édifice à venir. En même temps qu'elle rend l'édifice habitable, l'enveloppe altère la pureté de cette expression tectonique en substituant son expression propre à celle de l'ossature. Dans le cas du *Wainwright Building* de 1891 par exemple, Sullivan entreprend un dédoublement de la trame structurelle dans le dessin de la façade. Dans l'édifice achevé, un pilier sur deux est factice du point de vue de la

statique, comme l'indique l'absence de descente de charge au niveau de l'entresol[1]. Ce subterfuge constitue une stratégie permettant de renforcer l'expression de verticalité recherchée pour le gratte-ciel. Il introduit en outre une ambiguïté par rapport à l'ossature qui obéit quant à elle à un tramage horizontal. L'image offerte par l'édifice en chantier, partiellement recouvert, présente en même temps l'hégémonie tectonique de l'ossature et la verticalité du dessin appliqué à la façade. Une fois l'édifice complété, l'image de cette juxtaposition ambiguë entre structure et enveloppe ne pourrait être retrouvée qu'à travers un abandon prolongé de l'édifice qui entrainerait la destruction d'une partie de l'enveloppe. La proximité visuelle entre l'image de la charpente fraîchement édifiée et celle de l'ossature ayant survécu à la déliquescence d'un édifice abandonné associe à la structure dénudée une valeur symbolique de résistance au passage du temps.

L'expression tectonique qui se dégage de cette tension entre l'ossature filigrane et l'édifice massif qu'elle supporte peut ainsi être rapprochée, suivant un rapport analogique, de la manière dont l'imaginaire de la ruine antique qualifie l'expression tectonique des structures maçonnées chez Soane. Dans chacun des cas, une disparition partielle ou totale de l'enveloppe, des revêtements et des ornements qui dissimulent les éléments porteurs permet de retrouver l'intensité initiale de l'expression tectonique arborée par la structure au moment du chantier. De la même façon que Soane s'appuie sur l'imaginaire de la ruine pour influencer la perception de son architecture, le gratte-ciel de Sullivan porte dès sa construction l'image implicite de sa propre déliquescence. Près d'un siècle après Soane et Gandy, Auguste Perret dira que la bonne architecture est celle qui fait de belles ruines. Comme Soane, Perret s'appuie sur la puissance

fictionnelle de la ruine pour définir le rôle joué par l'expression de la structure dans le processus de création architecturale.

Ainsi que l'illustrent les recherches menées par Tiphaine Abenia, le phénomène de l'abandon résiste en partie à la planification. Les qualités de présence et d'immutabilité associées à l'imaginaire de la ruine, et à son pendant contemporain d'ossature dévoilée, opposent également une résistance à un encryptage immédiat à travers les supports de conception. Le fait que les représentations architecturales aient pour objet un édifice achevé, soit le résultat du chantier de construction, joue certainement pour beaucoup dans cette insaisissabilité. Une pensée tectonique du projet, intégrant les contingences et la temporalité de son édification, semble plus à même d'assurer la traduction des qualités inhérentes aux grandes structures abandonnées au profit d'un acte de création architecturale.

Notes

[1] Gargiani, Roberto, Fanelli, Giovanni, *Histoire de l'architecture moderne : structure et revêtement*, Lausanne, Presses polytechniques et universitaires romandes, 2008. p.21.

Crise de la monumentalité, monuments en crise

Louis Martin, UQÀM

« Seule une toute petite partie de l'architecture appartient à l'art : la tombe et le monument…
tout ce qui est utile doit être exclu du domaine de l'architecture[1] ».
–Loos (1910)

« Au contraire des monuments voulus, les monuments historiques sont "non voulus"… Leur
signification et leur importance en tant que monument ne proviennent pas de leur destination
originelle, mais elle leur est attribuée par les sujets modernes que nous sommes[2] ».
–Riegl (1903)

The work of Melvin Charney (1935–2012) demonstrates two paradigmatic distinctions underlying the dialectic of architectural modernism:
1. First, that which distinguishes monumental architecture as work of art from the utilitarian building;
2. Second, that which distinguishes intentional monuments (those of the ruling class) from unintentional monuments (those emerging from material culture).

Stated in the early 20th century in Vienna by Adolf Loos and Aloïs Riegl, respectively, these distinctions profoundly influenced the internal debates of architectural modernism for decades.

L'œuvre de Melvin Charney (1935-2012) permet d'illustrer deux distinctions paradigmatiques au fondement de la dialectique du mouvement moderne en architecture :

1. Premièrement, celle qui distingue *l'architecture monumentale comme œuvre d'art*, et *le bâtiment utilitaire* ;
2. Deuxièmement, celle qui distingue *les monuments voulus* (ceux de la classe dominante) et *les monuments non voulus* (ceux issus de la culture matérielle du plus grand nombre).

Ces distinctions, qui ont été énoncées à Vienne au début du 20e siècle par Adolf Loos et Aloïs Riegl respectivement, ont marqué profondément les débats internes du mouvement moderne en architecture pendant des décennies.

Monument / instrument ou la crise de la monumentalité

Charney découvre l'œuvre écrite de Le Corbusier lors de ses études d'architecture à l'Université McGill pendant la deuxième moitié des années 1950. Le Corbusier, qui connaissait les écrits de Loos, avance dans *Vers une architecture* (1923) une théorie qui vise à réconcilier l'architecture comme œuvre d'art et la construction utilitaire[3]. Selon lui, les calculs mathématiques des ingénieurs confirmeraient l'esthétique classique des tracés régulateurs. Cette unité des nécessités rationnelles de

la construction et des mécanismes de composition de l'architecture monumentale, qui devait être le propre de l'architecture moderne émergente, garantissait la satisfaction de l'esprit humain.

Charney est particulièrement marqué par le fait que Le Corbusier utilise des photos de silos à grains américains pour illustrer sa célèbre définition de l'architecture : « l'architecture est le jeu savant, correct et magnifique des volumes assemblés sous la lumière ». Il remarque cependant que Le Corbusier publie une photo du Silo no 2 de Montréal, mais que celui-ci le situe à tort aux États-Unis. Plus fondamentalement, Le Corbusier retouche la photo : pour mieux illustrer son propos, il y efface la présence du Marché Bonsecours **[Fig. 1 et Fig. 2]**.

Charney, qui photographie lui-même les silos de Montréal à la fin des années 1950 alors qu'ils sont encore en fonction, note les écarts du mythe puriste. Il remarque que ces structures ne sont pas construites dans le vide des grandes prairies. Et après en avoir étudié le fonctionnement, il réalise que chaque silo est le maillon d'une chaine de distribution mondiale du grain construite à l'échelle du continent.

Selon Charney, Le Corbusier et ses contemporains ont négligé que les silos ne sont pas des bâtiments, mais des mécanismes sophistiqués conçus pour garder le grain toujours en

Fig. 1 Silo no 2. Source : *Old and New Montreal* (1913).

Fig. 2 Silo no 2. Source : *Vers une architecture* (1923).

mouvement. Cette réalité leur échappe, car ils ne considèrent que leur image. Les silos sont pour eux des analogues formels d'une architecture future, tout comme les installations de Cap Canaveral sont une source d'imagerie pour Archigram[4].

La crise de la monumentalité identifiée par Charney, c'est celle de l'architecture comme « objet de design », cet objet conçu par l'architecte moderne au nom d'un mythe esthétique fondé sur l'ordre, la technologie et la composition. À Montréal, la toute récente Place Ville-Marie issue du bureau d'I. M. Pei illustre bien cette « idéologie de l'emballage » propre au formalisme. En comparaison, l'image de la Place Victoria de Moretti et Nervi illustre le résultat d'un processus technologique, bien qu'elle domine le square historique qu'elle borde et dont elle usurpe le nom[5].

La critique de Charney adhère aux discours radicaux des années 1960, notamment celui de Cedric Price, concepteur du *Fun Palace*. Ces discours remettent en question les valeurs mêmes sur lesquelles repose l'architecture monumentale moderniste : la composition, la prévisualisation, la permanence, la fixité, et ultimement, la notion même d'objet, auquel on veut substituer la notion de processus évolutif.

Comme en témoigne son projet de Pavillon canadien pour l'exposition d'Osaka, l'alternative à « l'objet de design comme œuvre d'art » est « le *kit-of-parts* environnemental », qui permet d'anticiper une architecture nomade et participative, constamment transformée par les usagers, c'est-à-dire une « architecture de processus » basée sur la sélection, et l'appropriation détournée des produits de l'industrie **[Fig. 3]**.

En amont, cette critique du formalisme avait déjà été formulée à l'endroit du *Mundaneum* de Le Corbusier par Karel Teige en 1929[6]. Se fondant sur la critique fonctionnaliste d'Hannes Meyer, Teige dénonçait l'erreur de Le Corbusier, qui est l'erreur du « Palais », soit l'erreur de la monumentalité, qui elle-même est le produit de l'illusion métaphysique et idéologique de la composition, des proportions, d'une formule esthétique : le formalisme du *Mundaneum* repose sur le mythe métaphysique d'un « supplément artistique » à la rationalité, à l'objectivité et à l'utilité. Selon Teige, si ce supplément n'est pas utile et fonctionnel, il n'est pas une bonification. Pour les fonctionnalistes radicaux de l'époque, l'architecture moderne ne crée pas des monuments, mais des instruments.

Toutefois, le schisme qui oppose le fonctionnaliste révolutionnaire à l'architecte bourgeois au début des années 1930 est devenu, au milieu

Fig. 3 Maquette du projet soumis au concours pour le pavillon canadien de l'exposition universelle d'Osaka (1967). CCA DR1984 : 1570. Source : Melvin Charney / SODRAC (2012).

fonctionnel. Au passage, la terminologie change : le monument devient humaniste, et l'instrument, utilitariste.

Quelques mois plus tard, George Baird estime, quant à lui, que la dichotomie entre instrument et monument subsiste dans l'architecture des années 1960 et qu'elle constitue une aporie qui peut être surpassée en ayant recours à la sémiologie[8].

Le *Pottery Thinkbelt* de Cedric Price illustre un projet d'université nouvelle pensé en tant que « service » remplissant une fonction purement utilitaire : le projet est un « conditionneur de vie » qui exclut toute référence à l'architecture universitaire existante et dont la signification réside dans la capacité des usagers de s'approprier la technologie et les espaces industriels mis à leur disposition.

À l'opposé, le *CBS Building* d'Eero Saarinen est un objet de design complet, de la structure au mobilier, du parement au cendrier. Œuvre d'art totale, le *CBS Building* est un environnement entièrement contrôlé par l'architecte-designer, qui ne laisse aucun choix à l'usager, dont la présence menace l'intégrité du

des années 1960, un objet d'étude historique, comme en témoigne un essai de Kenneth Frampton publié en 1966[7]. Ce texte compare deux projets soumis au célèbre concours de 1927 pour le « Palais de la Société des Nations » : celui de Le Corbusier et de Pierre Jeanneret et celui d'Hannes Meyer et d'Hans Wittwer. Selon

Frampton, Le Corbusier dessine un projet qui incorpore des innovations technologiques tout en tentant de s'insérer dans le paysage naturel. Bien différent, celui de Meyer et Wittwer s'inscrit en rupture avec la tradition en concevant un outil industriel présenté comme une réponse entièrement objective au programme

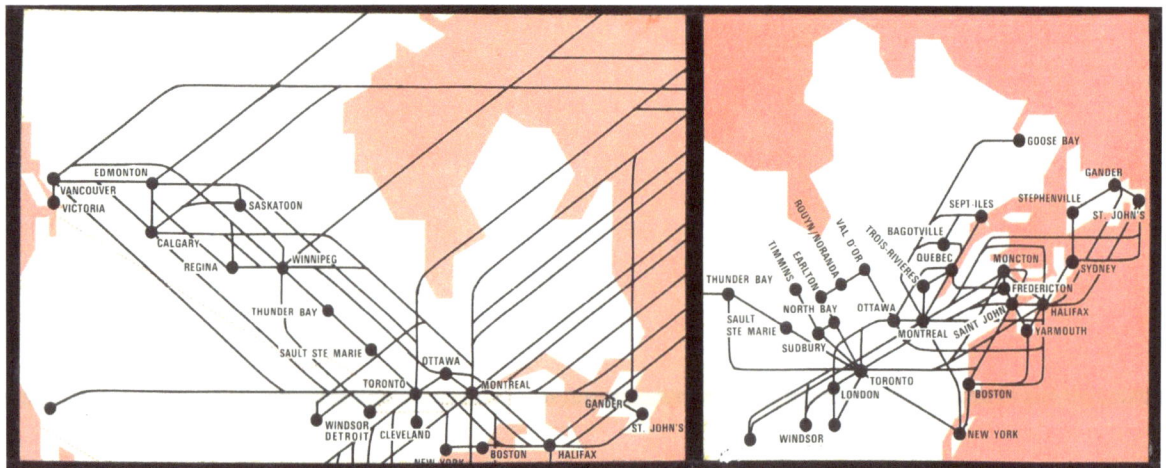

Fig. 4 Memo 20, de la série originale de 1969-1979.

Fig. 5 *Une histoire… Le trésor de Trois-Rivières* (1975). Musée des Beaux-Arts du Canada (no 28777). Source : Melvin Charney / SODRAC (2012).

La *Memo Series* recherche une architecture commémorative qui n'aurait pas la forme d'un bâtiment. Charney spécule sur la matérialisation d'un réseau mémorial pancanadien qui prendrait naissance dans la tête des usagers. L'originalité du projet est de remplacer la sélection de fragments constructifs industriels (les objets-types) par une série d'images évocatrices de l'histoire de l'aviation et de l'armée de l'art trouvées dans les médias imprimés (des images-types). Ce projet est fondé sur l'idée que la signification émerge dans la façon dont les gens interagissent avec l'environnement bâti. Ce projet propose des dizaines de mémos qui décrivent une variété de scénarios commémoratifs, tels des visites de sites de catastrophes

concept unitaire global, qui est d'être, selon la volonté du concepteur, l'objet architectural le plus simple qui soit.

Alors que le projet de Price se présente comme un système en transformation constante, celui de Saarinen est résolument un objet d'architecture. Baird conclut que Price et Saarinen sont, en définitive, incapables de communiquer leurs messages parce que tous deux négligent le fait que l'architecture est un système de signes inconscient, et partagé collectivement, comme une langue. Leur parole individuelle n'est pas assez forte pour suppléer à l'absence d'un code de référence.

Document / monument ou le monument en crise

Visiblement sensible à la nécessité de dépasser la dichotomie monument-instrument, Charney emprunte à partir de 1970 une autre voie lorsqu'il conçoit la *Memo Series*, un projet conçu pour un concours national pour un musée doublé d'un mémorial à l'histoire de l'aviation et à l'armée de l'air canadienne[9].

Fig. 6 *Une histoire… Le trésor de Trois-Rivières* (1975). Installation présentée dans le cadre de l'exposition *Québec 75* au Musée d'art contemporain de Montréal. Source : Yvan Boulerice.

Fig. 7 *Les maisons de la rue Sherbrooke* (1976). Corridart, Montréal. Vue de l'installation. Source : Photographe inconnu.

aériennes, des rencontres de vétérans dans des hangars abandonnés, la reconstitution virtuelle de vols historiques ou d'expérience de guerre, etc.... Des scénarios donc susceptibles de mettre en place un réseau national anticipant les réseaux sociaux actuels. La commémoration n'est donc plus conçue comme un objet de design monumental, mais comme une expérience personnelle certes, mais partagée avec la collectivité **[Fig. 4]**.

Dès lors, à la manière de Le Corbusier, Charney développe un discours sur les images d'architecture trouvées sur les fils de presse. Il isole ces images du flux quotidien, les collectionne, et les classifie pour créer le dictionnaire d'architecture. Bien qu'elle soit une expérience médiatisée, l'image photographique donne accès à une réalité partagée[10]. Inspiré par sa lecture de Foucault, qui complète la pensée de Riegl, le travail de Charney transforme les documents du quotidien en monument de l'histoire[11]. Cependant, dès 1974, Charney poursuit sa réflexion sur le potentiel commémoratif des images

architecturales qu'il juge significatives par la construction d'installations. Sa première installation reconstitue l'image d'une maison ouvrière « détruite » dans un projet de rénovation urbaine du centre-ville de Trois-Rivières[12]. L'image de l'édifice, un hybride entre l'habitation et la tombe, révèle la connaissance innée de l'architecture et l'héroïsme de la vie quotidienne d'un ouvrier inconnu. Correspondant à la définition freudienne du totem, l'installation intitulée « Le trésor de Trois-Rivières » se substitue à l'objet manquant. Cette réification semble nécessaire afin de commémorer un objet dont l'élite culturelle est incapable de reconnaître la valeur **[Fig. 5 et Fig. 6]**.

Différemment, son installation « Les maisons de la rue Sherbrooke » n'est pas une œuvre référant à un antécédent. La construction vise plutôt à rendre visible l'espace collectif de la rue, défini par les façades des bâtiments individuels, un espace morcelé par les démolitions et ponctué des ruines d'une ville en voie de disparition. Ces fragments que l'on conserve ne sont pas pour Charney commémoratifs d'un passé révolu, mais

bien des métonymies du projet urbain, le programme concentré de la ville à bâtir **[Fig. 7]**.

Cette œuvre de Charney est une image construite, au statut ambigu. Sommes-nous face à une ruine ou à un chantier ? En reconstituant l'espace collectif de la rue, c'est-à-dire le vide qui ne peut devenir forme que par la présence des façades sur rue, Charney commémore l'idée de la ville comme construction collective fondée sur un « savoir urbain inné ».

La réflexion de Charney sur la monumentalité a donc considérablement évolué de 1967 à 1976. Au départ, il formulait une critique de l'architecture comme objet de design (formalisme) et démontrait un parti pris pour le potentiel émancipateur *des kit-of-parts* (environnement participatif et flexible). Par la suite, à l'instar des artistes pop de sa génération, Charney a été interpelé par la signification des images médiatiques qui témoignaient de la nature dialectique de l'architecture comme outil de contrôle et d'émancipation potentielle. Cela l'a mené à explorer d'autres formes de monumentalité architecturale. Ainsi, plusieurs de ses œuvres ont commémoré ce qu'il nommait le « savoir inné de l'architecture » dont les quartiers populaires de Montréal, pour lui, étaient emblématiques. D'instrument, l'architecture devenait document de l'histoire...

En somme, son analyse a cherché davantage à sonder l'inconscient collectif, que peut révéler l'analyse des images, qu'à résoudre le sort des fragments historiques qui subsistent dans les villes, telles des épaves. Mais en donnant du sens à des objets qui n'ont apparemment aucune valeur, Charney rejoint Riegl pour qui le destin des monuments dépend entièrement de la valeur que nous leur attribuons.

Notes

[1] Loos, Adolf, «Architecture (1910)», in *Ornement et crime et autres textes*, Paris, Payot et Rivage, 2003 (Traduction de Sabine Cornille et Philippe Ivernel).

[2] Riegl, Aloïs, *Le culte moderne des monuments : sa nature, son origine*, Paris, L'Harmattan, 2004 (Traduction et présentation par Jacques Boulet). pp. 59-60.

[3] Le Corbusier, *Vers une architecture*, Paris, Crès, 1923.

[4] Charney, Melvin, « Grain Elevators Re-Visited », in *Architectural Design* 37, no 7, July 1967. pp. 328-34.

[5] Charney, Melvin, « Place Victoria », in *The Canadian Architect* 10, no 7, July 1965. pp. 37–54.

[6] Teige Karel, « Mundaneum » https://modernistarchitecture.wordpress.com/2010/10/27/karel-teige%E2%80%99s-%E2%80%9Cmundaneum%E2%80%9D-1929/

[7] Frampton, Kenneth, « The Humanist versus the Utilitarian Ideal », in Architectural Design 38, 1968. pp. 134-36.

[8] Baird, George, « La "dimension amoureuse" in architecture », in *Arena: Architectural Association Journal* 83, June 1967. pp. 25–30.

[9] Charney, Melvin, « On the Liberation of Architecture: *Memo Series* on an Air Force Memorial », in *Artforum* 9, no 9, May 1971. pp. 34-7.

[10] Charney, Melvin, « Learning from the Wire Services », in *Architectural Design*, April 1976. pp. 201–206.

[11] Foucault, Michel, *L'archéologie du savoir*, Paris, Gallimard, 1969.

[12] La maison n'a finalement jamais été détruite. Voir : Martin, Louis ed., *On Architecture. Melvin Charney : A Critical Anthology*. Montreal, McGill-Queen's University Press, 2013. pp. 228–231.

Hospital and [Un]planned Obsolescence

David Theodore, McGill University

Dr. Rumack: You'd better tell the Captain we've got to land as soon as we can.
This woman has to be gotten to a hospital.
Elaine Dickinson: A hospital? What is it?
Dr. Rumack: It's a big building with patients, but that's not important right now.
Airplane! (1980)

A hospital is a big building with patients. But it wasn't always that way. Instead of merely being big, they used to be monumental.

One hundred years ago, hospitals were important civic landmarks, settings for civic ritual that commemorated the benevolence of a city and the philanthropy of its leading citizens. Montreal's Royal Victoria Hospital is a case in point[1]. The Royal Vic's founders, financiers of the Canadian Pacific Railway, engaged British hospital architect Henry Saxon Snell to provide a picturesque stone building recalling the Scottish Baronial style of the Royal Infirmary of Edinburgh. The Royal Vic, whose wards opened in 1893, sits above McGill University on the south slope of Mount Royal, boasting a commanding view from the hospital down to the St. Lawrence River. As postcards attest, however, the view up to the hospital used to be important, too **[Fig. 1]**. It was a big building with patients, but also *with citizens*.

Today, the Royal Vic sits vacant and unused. McGill University, its neighbours and institutional partner, is developing a plan to take over at least some of the buildings, but to date, all of the University's plans have involved demolition[2]. Why do we abandon hospitals? What potential do they hold for the future of the city?

Places of civic ritual cannot become obsolete merely by the passing of time. Indeed, the accumulation of historical time is usually thought to add to the munificence of monuments. A church, for example, does not become less and less relevant with the passage of time, even if its congregation shrinks. It may fall out of use, but not because it can be replaced with a new, improved church.

Hospitals, too, were once capable of accumulating time in a way that amplifies their grandeur. But a change happened at the end of the nineteenth-century, right around the time the Royal Vic opened its doors, namely, the invention of the modern hospital[3]. Hospitals became entangled with scientific biomedicine rather than religious and secular charity, and their mission switched from one of care for the sick poor to one of cure for all citizens. The hospital moved from charity to science — from care to cure — and also, slowly, lost its sense of purpose.

Sometime during the twentieth century, the idea arose that a hospital could become obsolete[4]. More specifically, it became possible for the *architecture* of a hospital to be out of date. The nature of the hospital switched from an enduring gift to an open-ended and necessary piece of equipment, or to say it another way, the hospital switched genre categories, from civic landmark to infrastructure. Instead of being involved in an enterprise that took patients, staff, benefactors, and administrators towards a common goal, the institution took on the characteristics of a government agency, something socially inevitable

Un hôpital est un grand bâtiment accueillant des patients. Cependant, il n'en fut pas toujours ainsi. Les hôpitaux n'étaient pas seulement grands, ils étaient autrefois monumentaux. [...] L'hôpital Royal Victoria de Montréal en est un bon exemple. [...] Aujourd'hui pourtant, le Royal Victoria demeure vide et inutilisé. L'Université McGill, structure voisine et partenaire institutionnel de l'ancien hôpital, élabore actuellement un plan de réhabilitation visant à récupérer au moins une partie des bâtiments. Cependant, à ce jour, toute planification comporte son lot de démolition. Pourquoi abandonnons-nous les hôpitaux ? Quel potentiel pourraient-ils présenter pour le futur de la ville ?

Fig. 1 Postcard of the Royal Victoria Hospital. Source: Courtesy A. Adams.

and necessary but whose teleology was contingent[5]. The hospital changed from having large wards open to the sick poor, to offering paying pavilions for the affluent, and then changed a second time, becoming a fundamental institution universally open to all citizens. By 1970, then, the hospital had become both the instrument and symbol of a general cultural move in the west towards democracy. As medicine got caught up in the business of governance, the hospital passed from living architecture to defunct infrastructure.

Or rather, to living infrastructure. The field of hospital design was afire with promise and zeal. There were things to be done. The progress of medicine, it seemed, would lead inevitably to the progress of architecture[6]. Hospital designers took on the pragmatic challenge of accommodating biomedicine's "emerging and expanding activities", as a 1970s editorial put it, through the provision of quote "multipurpose, flexible spaces geared to advances in communications, audiovisual systems and diagnosis'"[7].

New hospital design around 1970 took inspiration from the idea of obsolescence[8]. Architects came up with

designs that anticipated, incorporated, and promulgated obsolescence. At Woodhull Medical and Health Center in Brooklyn, for instance, architects Kallman McKinnell & Wood (the

architects of Boston City Hall) experimented with a range of strategies for anticipating growth and change **[Fig. 2]**. These included new processes for financing construction and building operations, such as phased development and fast-track construction. But more significant was the introduction of self-consciously new design techniques that gave buildings the ability to stave off obsolescence, so that, akido-like, obsolescence could be redirected into design concepts: computer-aided planning and construction, extendible facades, interstitial floors, private rooms, modular diagnostic areas, and extendible linear communication spines (for materials and staff)[9].

This shift in architectural practice left existing hospitals, even prestigious ones, in a bind. The oldest hospitals

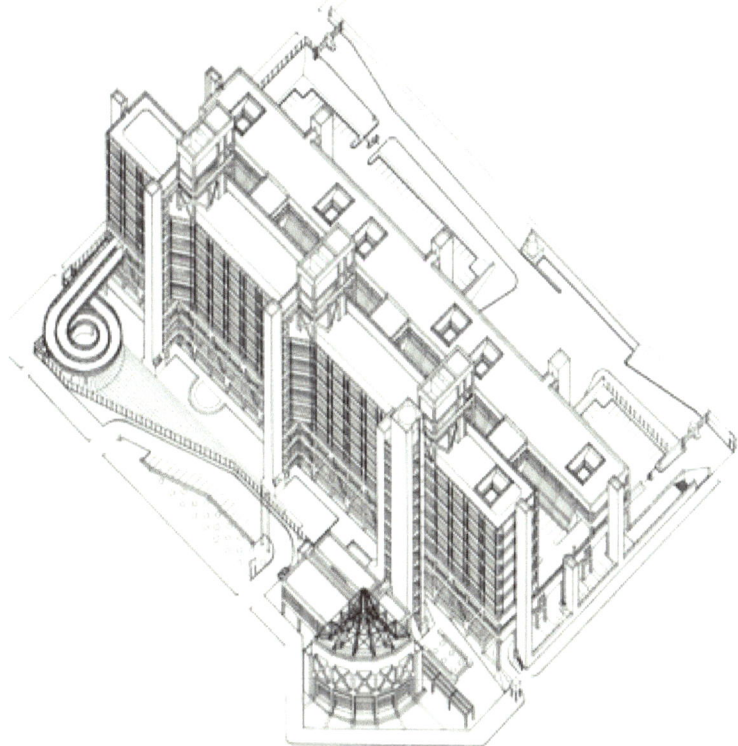

Fig. 2 Axonometric drawing of Woodhull Medical and Health. Source: Kallman & McKinnell (ca. 1970).

Fig. 3 Perspective drawing, proposal for rebuilding the Royal Victoria Hospital. Source: Marshall & Merrett (ca. 1970).

were frankly unsuited to biomedicine, containing, for example, surgical amphitheaters rather than antiseptic operating suites. The immediate postwar hospitals had a different problem: they were too closely aligned with biomedicine. The Royal Vic, for instance, received new pavilions in 1956 and 1959. They had been imagined as technological devices, and had been carefully designed to a complete program brief and detailed specifications. Therefore, a short decade and a half later, they seemed already old-fashioned.

In 1970, consultants and doctors at the Royal Vic argued that the hospital's architecture prevented the institution from delivering modern biomedicine

(in my terms, the buildings lacked the ability to redirect obsolescence). To this end, the consultants proposed a phased demolition of the existing buildings, and the gradual construction of a new, so-called "flexible" hospital [Fig. 3]. This radical demolition proposal, however, was never implemented. So rather than transform from monumental civic charity into open-ended government infrastructure, after 1970 the Royal Victoria Hospital simply became out of date buildings. Today, in 2016, the institution has abandoned these buildings. What is left behind is at once a pile of junk—obsolete medical equipment—and, at the same time, a monument that testifies to the glory of McGill University and the City of Montreal.

And yet, the Royal Vic also gives memory to any number of non-medical societal and cultural values. For instance, the Montreal Neurological Institute, joined by a bridge to the Royal Victoria Hospital, began in 1934 as one of the first medical institutions in the new secular mode (i.e. with no religious affiliation), but also with an active desire to serve both

Francophone and Anglophone communities [Fig. 4]. Its first Director, neurosurgeon Wilder Penfield, made it a point of pride to engage medical staff from both solitudes.

I want to end suddenly, because that's how hospitals end. I hope it's clear that I believe these abandoned buildings harness a high "architecture potentielle", irreducible to their beauty or their functionality or their lack thereof. Or, to put this another way, their clear patrimonial value, their layered history—cultural, artistic, medical—is overpowering; the buildings cannot be turned into mere infrastructure. The Royal Vic buildings are obsolete in that they serve cultural and medical values and not democracy. The 1970s rebuilding proposal was a missed opportunity, but an ironic one: the demolition of the hospital buildings in 1970 might have been the only thing that could save them from demolition today, in 2016.

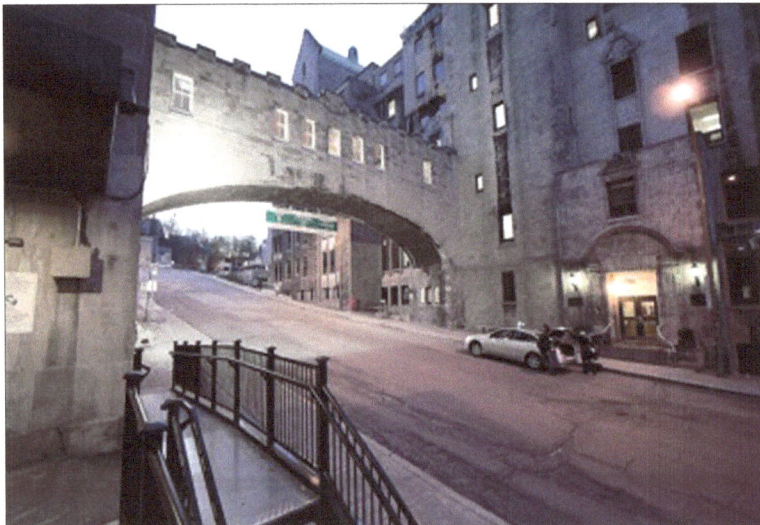

Fig. 4 Bridge between the Royal Victoria Hospital and the Montreal Neurological Institute. Source: Courtesy Don Toromanoff.

Notes

[1] On the architecture of the Royal Victoria Hospital, see Adams, Annmarie, *Medicine by Design: The Architect and the Modern Hospital, 1893–1943*, Minneapolis, University of Minnesota Press, 2007. For a broad history of hospital design, see Wagenaar, cor, ed., *The Architecture of Hospitals*, Rotterdam, NAi Publishers, 2006.

[2] See: http://royalvictoria.mcgill.ca.

[3] On the change form care to cure, see Rosenberg, Charles E., *The Care of Strangers: The Rise of America's Hospital System,* New York, Basic Books, 1987.

[4] This idea of progress was a broad phenomenon with complex historical roots; see Canguilhem, Georges, « La décadence de l'idée de progrès », in Revue de Métaphysique et de Morale 92, no 4, 1987. pp. 437-454 ; and Bowler, Peter, *The Invention of Progress: The Victorians and the* Past, Oxford, Blackwell, 1989.

[5] I echo here the terms « enterprise association » and « civil association » developed by political philosopher Oakeshott, Michael in *On Human Conduct*, Oxford, Oxford University Press, 1975.

[6] At the time, hospitals were rarely lauded as avant gardo architecture. Rather than the limning of utopias undertaken by technophilic avant-garde architects such as Archigram, hospital architects opted for planning innovation. See Banham, Reyner, « A Clip-on Architecture », in *Design Quarterly* 63, 1965. pp. 3–30. One exception was Northwick Park Hospital in London, designed by John Weeks of Llewelyn-Davies, Weeks, Forestier-Walker & Bor; see Theodore, David, « The Forgotten Birth of Parametric Design », in *Harvard Design Magazine* 40, 2015. pp. 118-22.

[7] Douglass, H. Robert, « Health Care: The Fastest Growing Industry », in *Progressive Architecture* 53, July 1972. p. 90.

[8] On the history of obsolescence, see Abramson, Daniel, *Obsolescence: An Architectural History*, Chicago, University of Chicago Press, 2016.

[9] Weeks, John, « *AD* Briefing: Hospitals », in *AD* 7, 1973. pp. 436–463.

Des échelles de potentialité

Camille Crossman, Université de Montréal

The three reflections proposed during the discussion "Monumental Structure or Monument: Statuses of the Large Urban Abandoned Structure" explored the question of monumentalism by addressing different axes related to the notions of abandonment, monument, and potential appropriation. At a certain scale, the imposing presence of a building within a landscape can bring it to the status of monument, whatever its proposed use (habitation, culture, institution) and whatever the original intention (whether to commemorate or not). At what scale does architecture become a potential monument? Does its size give it greater potential?

Les trois réflexions proposées lors de la session «Statuts: entre monumentalité et monument» ont exploré la question posée en abordant différents axes liés aux notions d'abandon, de monument et de potentialité d'appropriation. Le thème de l'échelle — la question initiale spécifie «grande» structure abandonnée — mérite toutefois d'être réexaminé puisque l'échelle est abordée de manière distincte en fonction des concepts et des théoriciens invoqués à travers ces réflexions.

Dans le premier texte, J.-P. Chupin, explore la notion de potentialité de réappropriation de grandes structures circulaires et le moment à partir duquel il est permis d'envisager l'abandon d'un projet d'architecture. Le Colisée de Rome est pris en exemple : son échelle imposante lui a permis de faire l'objet d'une multitude de projets de réappropriation au cours de ses 2000 ans d'histoire. Après avoir été amphithéâtre, le Colisée a abrité diverses fonctions. Aujourd'hui toutefois, son statut de trésor patrimonial représente un frein à la recherche de nouveaux usages pour habiter cette structure colossale. Une problématique est ainsi identifiée : à quel moment un bâtiment bascule-t-il vers l'entité de monument ? Serait-il permis de réfléchir au potentiel d'abandon d'un projet dès sa conception ? À travers ces thèmes, l'auteur pose un axiome «une grande structure urbaine abandonnée serait au zénith de sa potentialité juste avant son classement patrimonial», après quoi elle deviendrait monument commémoratif pour une durée indéterminée.

Dans le second texte, D. Théodore, discute des hôpitaux, ces bâtiments de la très grande échelle dont la fonction était autrefois celle de *commémorer* et d'accueillir des patients. Or, de nos jours, les hôpitaux sont d'abord et avant tout devenus des *infrastructures* ayant pour défi principal de savoir répondre aux besoins en constante progression des technologies médicales, faute de quoi, son architecture devient désuète. Deux sujets sont abordés : que faire des anciens hôpitaux qui ne peuvent accueillir les équipements d'aujourd'hui ? Et comment envisager l'abandon — le détournement, la démolition — des infrastructures hospitalières construites aujourd'hui ? Les hôpitaux développés depuis les années 1970 représentent un exemple fort pour la question posée puisque contrairement à l'architecture en général, les architectes les conçoivent «en anticipant, en incorporant et en promulguant leur obsolescence». Vers un hôpital flexible ; vers une architecture éphémère ? Les exemples abordés peuvent en quelque sorte incarner des exemples actuels et concrets aux problématiques identifiées dans le texte de J.-P. Chupin.

Dans le troisième texte, L. Martin, invoque l'œuvre de Melvin Charney pour tenter de comprendre la signification du concept de *monumentalité*. Si, à l'origine, le monument est construit pour commémorer, le monument de la crise de la monumentalité est « *conçu par l'architecte moderne au nom d'un mythe esthétique, fondé sur l'ordre, la technologie et la composition monumentale* ». En d'autres termes, le monument contemporain pourrait ne rien commémorer du tout tant que son échelle s'impose dans le paysage puisque la monumentalité serait l'instrument principal du monument contemporain. Charney explorera d'autres moyens que la monumentalité pour commémorer en développant un dispositif qui ne prend plus la forme d'un bâtiment : la *Memo Series*. Si le dispositif de Charney n'est pas incarné dans une architecture monumentale, l'échelle de son projet, qui s'implante de façon ponctuelle dans plusieurs villes à travers le Canada, est quant à elle gigantesque. Cependant, si l'intention est de grande portée, l'appel à commémorer fait appel à une mémoire collective passée, et n'injecte pas de façon aussi « monumentale » de nouveaux éléments statiques et permanents dans le paysage, contrairement aux sujets abordés dans les textes précédents. Ainsi, la problématique de la signification et de la mémoire est identifiée : qu'est-ce que la grande structure abandonnée commémore ?

Au-delà d'une certaine échelle, la présence imposante d'une architecture dans le paysage viendrait en quelque sorte lui conférer un statut de monument, quelque soit l'usage initial projeté (habitation, culture, institution) et quelque soit l'intention de départ (volonté de commémorer ou non). Mais à partir de quelle échelle l'architecture devient-elle *monument potentiel* ? Sa grandeur lui assure-t-elle un plus grand potentiel ? La mémoire et l'imaginaire collectifs qui entourent les bâtiments de grande échelle sont probablement des facteurs importants : les grandes structures d'une ville deviennent des points de repère dans le paysage et sont connues et reconnues de tous. Même si leur fonction première n'est pas celle de commémorer, leur présence imposante est ancrée dans la mémoire collective et ils font l'objet d'une plus grande attention. Cette observation est à cet égard bien résumée par Rem Koolhaas dans *S, M, L, XL* :

« *Beyond a certain critical mass each structure becomes a monument, [...] this category of monument presents a radical, morally traumatic break with the conventions of symbolism: its physical manifestation does not represent an abstract ideal, an institution of exceptional importance, a three-dimensional, readable articulation of a social hierarchy, a memorial; it merely is itself and through sheer volume cannot avoid being a symbol— an empty one, available for meaning as a bill-board is for advertisement. It is a solipsism celebrating only the fact of its disproportionate existence, the shamelessness of its own process of creation. This monument of the twentieth century is the Automonument, and its purest manifestation is the Skyscraper*[1]. »

Quand la problématique des grandes structures abandonnées est abordée, les questions de signification et de mémoire représentent donc des aspects fondamentaux à examiner. Ainsi, tel que Charney l'explore dans son *Memo Series*, envisager des monuments contemporains par le biais d'installations — ou d'architectures fragmentées et ponctuelles — qui se déploient à l'échelle territoriale, incarnent une tout autre facette de la question posée lors de ce séminaire. En mettant l'accent sur le sens de ce qui est commémoré, ce projet rappelle que la pérennité du monument dépend également de la signification collective qu'on lui attribue. La *grande* structure urbaine, abandonnée ou pas, fait peut-être figure de monument potentiel de par son échelle qui s'impose dans le paysage. Mais que commémore-t-elle ? Le savoir-faire humain ? L'imaginaire collectif qui s'y rattache sans doute, puisque ces grandes structures s'imposent dans le paysage et auront toujours pour effet, de par leur échelle, de ramener le passant, l'usager ou l'observateur à sa dimension humaine, à sa condition de simple mortel. Or, tel que Koolhaas le souligne : « réduire » le monument contemporain à l'envergure de sa monumentalité et opérer une séparation entre (1) monument, (2) mémoire et (3) monumentalité, représentent un schisme de l'ordre traumatique dans l'histoire de l'architecture.

Notes
[1] Koolhaas, Rem, Mau, Bruce, *S, M, L, XL*, New York, Monacelli Press, 1995.

FIGURES :
ENTRE RUINE
ET UTOPIE

FIGURES:
BETWEEN RUIN
AND UTOPIA

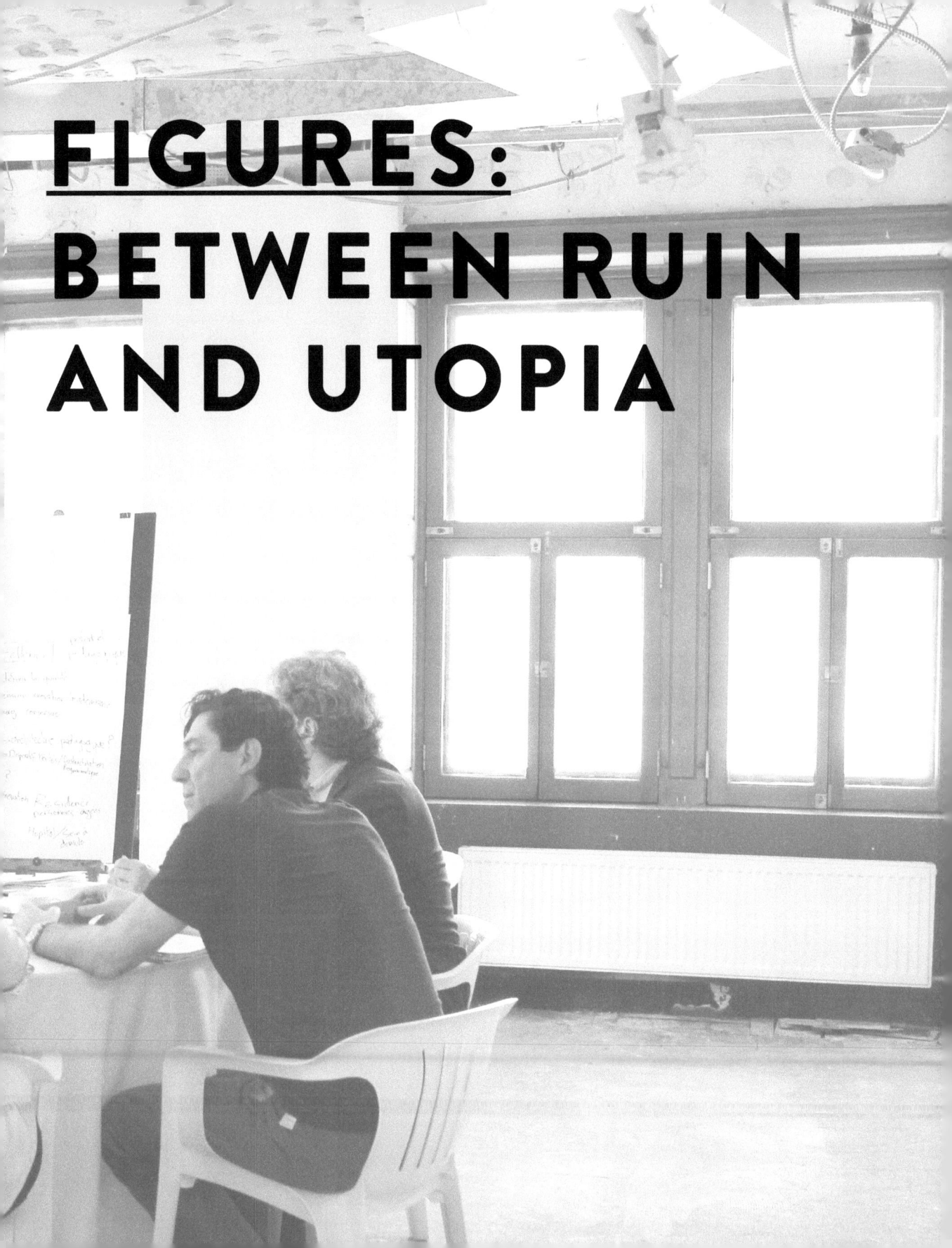

Deuil et utopie : deux figures de la ruine au 19e siècle

Nicholas Roquet, Université de Montréal

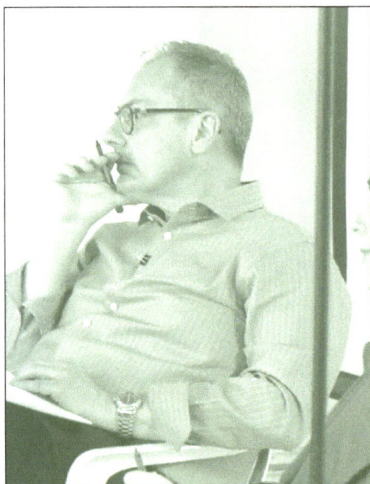

Incomplete and unoccupied, the ruin is (with armour or casing) the hollow figure par excellence: the void it inhabits acts upon he who contemplates it as a call for imaginative investment and self-projection. So how exactly do we understand large structures in ruins? To what imagination does this term appeal today, and what attitude does it assume on our part? In the following pages, I put forward the hypothesis that the different attitudes toward the ruin that prevailed during the 19th century can be reduced to two divergent impulses: one retrospective, the other anticipatory.

De 1750 jusqu'aux dernières décennies du 19e siècle, la figure de la ruine s'impose aux praticiens et théoriciens de l'architecture sous une multiplicité de formes : comme modèle de « pureté antique » pour les architectes des Lumières ; comme dispositif narratif dans le jardin paysager anglais ; comme symbole d'une nation à reconstruire pour les régimes issus de la Restauration de 1814-15 ; comme créateur d'ambiances dans l'intérieur bourgeois du milieu du 19e siècle ; ou encore, chez des proto-rationalistes comme Karl Friedrich Schinkel ou Eugène-Emmanuel Viollet-le-Duc, comme indice d'une loi génétique des formes.

Au vu de la diversité des regards posés à l'époque sur les vestiges de l'Antiquité et du Moyen Âge, il n'y a rien de surprenant à ce que la théorisation la plus complète et cohérente de la notion moderne de « monument » ait été formulée à l'issue du 19e siècle, dans un essai de l'historien de l'art autrichien Alois Riegl intitulé *Le culte moderne des monuments* (1903). Riegl a été le premier à percevoir clairement que le sens classique du monument (c'est-à-dire, une inscription à teneur morale ou politique, adressée à la postérité) avait cédé devant un nouveau régime épistémologique. L'intuition fondamentale de Riegl tient à affirmer que le monument moderne surgit non plus de l'intention de son concepteur, mais au contraire de sa *réception* par un observateur contemporain : le message qu'on veut bien y lire est, pour ainsi dire, surajouté[1].

Une deuxième observation cruciale de Riegl, est que le monument moderne est par définition polysémique. Portant un regard rétrospectif sur les pratiques architecturales du siècle précédent, il a constaté en effet que l'universalité apparente du concept de monument cachait un ensemble de « valeurs monumentales » différentes et parfois même opposées, qui se traduisaient chacune à leur tour par une approche distincte à la conservation de l'ouvrage ancien. Or, comme Riegl le savait, un tel conflit de valeurs peut survenir au sein d'un seul et même monument. Le Colisée romain offre ainsi au visiteur contemporain, selon son point de vue, des aspects presque opposés, conséquence d'une restauration menée en deux étapes sous l'administration du pape Pie VII (d'abord en 1805-07, puis à nouveau en 1823-26). À l'extrémité est du mur extérieur, le restaurateur Raffaele Stern a cherché à préserver au Colisée son caractère de « ruine naturelle », en se limitant à sceller en place les arcs disloqués et affaissés par les séismes. À l'extrémité ouest, Giuseppe Valadier a entrepris au contraire de reconstituer en briques une partie des arcs perdus, affirmant la primauté de la forme architecturale du monument sur ses qualités pittoresques[2].

Incomplète et inoccupée, la ruine est — avec l'armure ou l'étui — la figure creuse par excellence : le vide qui l'habite agit sur celui qui la contemple comme un appel à l'investissement imaginatif et à la projection de soi. Alors qu'entendons-nous au juste lorsque nous apparentons aujourd'hui les grandes structures abandonnées à des ruines ? À quel imaginaire ce terme fait-il appel aujourd'hui, et quelle posture suppose-t-il de notre part ? L'hypothèse que je mets de l'avant dans ces pages, est que les différentes attitudes envers la ruine qui prévalent durant le long 19e siècle peuvent se réduire à deux impulsions divergentes : l'une rétrospective, l'autre anticipatoire.

La première de ces grandes impulsions a été de ramener le passé à la vie, en en comblant toutes les lacunes laissées par ses vestiges matériels. Dans un passage célèbre repris par Viollet-le-Duc dans l'article « Restauration »

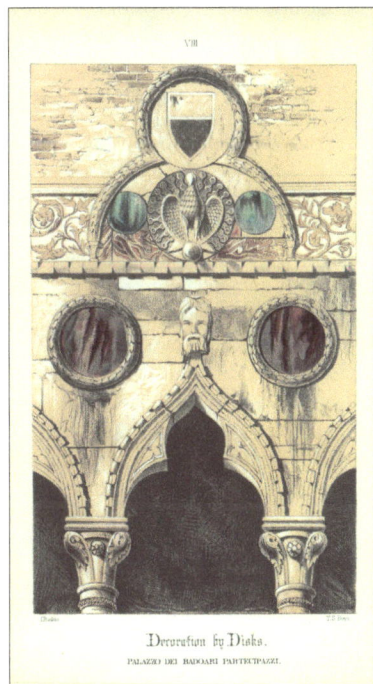

Fig. 1 John Ruskin, *Decoration by Disks: Palazzo dei Badoari Partecipazzi* (1851). Source : *The Stones of Venice*, New York, John Wiley and Sons, 1880. t. 1. Collection de l'auteur.

de son *Dictionnaire raisonné de l'architecture française* (1858-75), l'inspecteur général des monuments historiques de France Ludovic Vitet définissait de la façon suivante l'objectif des campagnes de sauvegarde du patrimoine qu'il envisageait de mener sur le territoire national : « Reconstruire ou plutôt restituer dans son ensemble et dans ses moindres détails une forteresse du Moyen Âge, reproduire sa décoration intérieure et jusqu'à son ameublement ; en un mot, lui rendre sa forme, sa couleur, et, si j'ose le dire, sa vie primitive, tel est le projet... »[3].

Mais là où Vitet, en 1831, se serait encore sans doute satisfait de restitutions graphiques, la résurrection matérielle du passé était devenue pour l'architecte Viollet-le-Duc une nécessité existentielle. À l'image statique du passé comme décor, celui-ci substitue donc un processus intrinsèquement constructif : il s'agit désormais pour lui de reproduire les *gestes* de l'artisan médiéval et d'en faire la base d'un art nouveau. Ce qui rend envisageable cette appropriation, c'est le fait que Viollet-le-Duc, en tant qu'artiste français, se comprend comme appartenant à la même « race » que les bâtisseurs de cathédrale dans l'Île-de-France du 13e siècle, et partageant donc avec eux le même esprit laïc, rationnel et progressiste. Toute l'œuvre théorique de Viollet-le-Duc peut en fait se comprendre comme un long processus de deuil, qui amène l'architecte à reconstruire un univers historique complet à partir de traces éparses, conservées dans les rares ouvrages survivants du Moyen Âge français.

Bien que le théoricien anglais de l'art John Ruskin se soit violemment opposé au principe de la restauration des monuments anciens (on ne pouvait au mieux, d'après lui, que chercher à ralentir leur ruine), on retrouve chez lui un même sentiment de perte devant

l'histoire. Ruskin, comme Viollet-le-Duc, éprouve une fascination ambivalente pour les processus géologiques qui ont donné naissance aux pics et aux glaciers alpins : à celui qui sait voir, les formes chaotiques du massif du Mont-Blanc révèlent non seulement l'histoire de leur genèse, mais aussi celle de leur érosion inéluctable. Comme Viollet-le-Duc, il perçoit également dans l'art du Moyen Âge européen une unité organique que l'art moderne aurait perdue, et qui résulte selon lui d'un instinct racial : celui des Lombards et des Arabes qui, avançant du Nord et du Sud à la manière d'un « glacier » et d'un « torrent de lave », se sont disputés autrefois les restes de l'Empire romain[4]. Enfin, comme Viollet-le-Duc, Ruskin succombe lui aussi à la tentation de la restauration : son œuvre monumentale *Les pierres de Venise* (1851-53) fait ressurgir devant le lecteur, au moyen d'un récit interminable, les splendeurs passées de la cité Adriatique, avant que ses vestiges ne sombrent définitivement sous les coups de la modernité **[Fig.1]**.

Genèse, instinct, vie primitive : le propre de l'impulsion restauratrice du 19e siècle, c'est de poser l'histoire en loi d'airain et de *faire disparaître* la ruine, avec tout ce qu'elle comporte de fragmentaire ou de contingent, en y substituant un fantasme totalisant.

L'autre versant du siècle est le fait d'artistes qui, à l'inverse, ont vu l'histoire comme un espace de liberté, de jeu et de spéculation. Ce courant expérimental prend d'abord racine dans la tradition pittoresque du 18e siècle. Dès 1749, l'homme de lettres anglais Horace Walpole entreprend de transformer Strawberry Hill House, sa modeste villa en banlieue de Londres, en un véritable artifice temporel : pendant 30 ans, il y recrée des fragments de décor d'esprit gothique en bois, en plâtre peint et en verre coloré. Le résultat est censé produire sur le visiteur un effet de choc, le plongeant dans une atmosphère d'ancienneté, de mystère et d'effroi — une atmosphère que Walpole qualifia du vocable inventé de *gloomth*. L'extérieur de Strawberry Hill est tout aussi théâtral, évoquant par ses ajouts tentaculaires au volume d'origine un édifice érigé sur plusieurs siècles, et où les chantiers successifs se seraient mutuellement contrecarrés. Architecture expérimentale et « impossible », Strawberry Hill House matérialisait et rendait sensible les profondeurs labyrinthiques du *Château d'Otrante* (1764), le décor fictionnel où Walpole avait campé le tout premier roman d'épouvante de la littérature anglaise.

Réalisée entre 1796 et 1807, la maison de Fonthill Abbey incarne elle aussi un passé imaginaire, offrant dans ses pièces publiques des perspectives plus grandioses que n'importe quelle cathédrale anglaise du Moyen Âge. La maison et son domaine formaient une sorte de monde inversé, coupé

Fig. 3 Hubert Robert, *Vue imaginaire de la Grande galerie du Louvre en ruines* (1796).

Fig. 2 John Rutter, *Fonthill Abbey, view of the West & North fronts* (1823).
Source : *Delineations of Fonthill and its Abbey*, Londres, publié à compte d'auteur, 1823.

de la campagne environnante par un mur maçonné de près de dix kilomètres de long **[Fig.2]**. Dans ses galeries d'exposition se mêlaient antiquités véritables et trafiquées, grâce auxquelles leur propriétaire William Beckford — romancier et héritier déchu — affichait une aristocratie de pacotille, tandis que ses salons et jardins accueillaient des spectacles de fantasmagorie alliant décors peints, pyrotechnie, éclairages de scène et effets sonores[5]. Mais ce qui est surtout frappant à Fonthill Abbey, c'est la précarité de sa construction. Dans sa recherche d'un effet de sublimité et d'une architecture aussi puissante que les œuvres de la nature, l'architecte James Wyatt dépasse en effet les limites de ce qui est matériellement possible. La maçonnerie de l'immense tour centrale s'écroule au bout de 20 ans, entraînant la ruine précipitée de la maison et révélant du même coup son caractère factice.

Bien qu'accidentelle, la destruction de Fonthill revêt néanmoins un caractère prophétique. Car imaginer, dessiner ou construire une ruine au 19e siècle, ce n'est pas tant reproduire le passé que sonder de potentiels *mondes futurs*. Dès 1770, l'homme de lettres français Louis-Sébastien Mercier publie un roman philosophique intitulé *L'An 2440*, qui décrit entre autres le château de Versailles (symbole des oppressions et des injustices de l'Ancien Régime) réduit à l'état de vestiges. Mais ce n'est qu'après la Révolution française que la ruine imaginaire s'intègre à un discours véritablement architectural — en premier lieu dans la *Vue imaginaire de la Grande Galerie du Louvre en ruines* (1796), peinte par Hubert Robert lors de la transformation de l'ancienne collection royale en musée d'art public **[Fig.3]**. Dans ce tableau, le peintre mise sur un effet de défamiliarisation, en rendant l'architecture des lieux sous une forme à la fois reconnaissable et étrangement altérée[6]. La scène semble en effet se déployer simultanément dans deux temporalités distinctes : d'une part, dans le présent d'un chantier qui éventrait alors le Louvre ; et d'autre part, dans un futur indéfini où l'idée même du musée aurait cédé le pas à de nouveaux modes d'expérience esthétique.

Le propos de Robert a ceci de moderne qu'il affirme le projet architectural comme un acte nécessaire de violence à l'égard de la tradition. En effet, selon l'historien Daniel Brewer, la figure de la ruine par anticipation est révolutionnaire au sens propre : il s'agit d'une destruction intentionnelle qui arrache le présent au passé, mais qui, en guise de compensation, offre également la possibilité de construire un avenir différent[7].

Possiblement inspiré du tableau de Robert, le célèbre rendu de James Gandy montrant l'édifice de la Banque d'Angleterre à l'état de ruine (1830) se prête ainsi à deux lectures. On peut certes y voir une justification a posteriori de l'œuvre de l'architecte John Soane, critiquée à l'époque pour les libertés prises à l'égard des modèles antiques et pour son manque d'unité classique. Par le dispositif fictionnel de la ruine, Gandy replace les intérieurs créés par Soane dans la lignée directe des monuments de la Rome impériale. Mais son dessin suggère aussi un nouvel empire à venir, dans lequel les ruines de la Banque joueront le même rôle que celles des thermes romains pour les bâtisseurs de l'Angleterre géorgienne — soit un témoin grandiose d'une époque révolue, que les architectes du futur chercheront à leur tour à s'approprier, émuler et transcender.

Loin de disparaître avec la génération romantique des années 1830-1840, la ruine anticipée ressurgit au contraire de façon obsédante dans l'imaginaire architectural de toute l'ère victorienne. Considérons d'abord la magnifique perspective aérienne de Londres réalisée par l'architecte William Burges en 1866-67 pour le concours des New Law Courts **[Fig.4]** — un programme architectural d'une ampleur et d'une modernité inédite pour l'époque. À première vue, le dessin nous fait entrevoir la destruction prochaine de la ville géorgienne et son remplacement par des édifices d'un type nouveau, couverts d'ornements en faïence polychrome résistants à la pollution et hérissés de tours s'élevant au-dessus du smog. Mais en réalité, la scène que dépeint Burges existe hors du temps présent du chantier à mener. À ses yeux, l'Angleterre triomphante de la deuxième moitié du 19e siècle était en effet bien trop utilitariste, et trop asservie aux intérêts privés, pour se doter de symboles collectifs à la hauteur de ses moyens matériels. Se dressant au-dessus de la City tel un immense château fort médiéval, orné de figures sculptées représentant les saisons, les astres et les constellations du zodiaque, le palais de justice imaginé par Burges ne représente donc pas le Londres de demain, mais bien une métropole d'un siècle futur où la religion publique, le culte de la beauté et le sacrifice au bien commun auraient retrouvé leurs droits. La ruine qui hante le dessin est celle anticipée de la ville contemporaine.

Fig. 4 William Burges, vue à vol d'oiseau des New Law Courts, Londres (1866). Source : *Report to the Courts of Justice Commission*, Londres, George Edward Eyre and William Spottiswoode, 1867.

Fig. 5 Gustave Doré, *The New Zealander* (1872).
Source : *London : A pilgrimage*, Londres, Grant & Co., 1872. Fotolia Adobe.

Même cas de figure dans l'album *London : A Pilgrimage* (1872), illustré par le dessinateur français Gustave Doré. Les gravures de Doré nous présentent la métropole victorienne non seulement telle qu'elle était à l'époque, avec ses chemins de fer, ses quais et entrepôts, ses lotissements résidentiels entassés et ses foules grouillantes, mais aussi, dans une image unique présentée à la fin du volume, dans un état de ruine future, dressant de colossaux vestiges le long de la Tamise [Fig.5]. Issu des anciennes colonies britanniques, un Néo-Zélandais solitaire contemple la scène ; tablette et crayon à la main, il croque les restes de l'empire déchu à la manière d'un Hubert Robert ou d'un John Soane en expédition dans la *campagna* romaine. Sous le couvert d'une représentation historique, Doré invite le lecteur à contempler l'écroulement éventuel de la civilisation industrielle et son remplacement par un monde nouveau.

L'artiste et poète William Morris sera l'un des derniers du siècle finissant à récupérer l'image d'un Londres en ruine, cette fois comme symbole de renouveau politique et social. Son roman utopique *News from Nowhere* (1890) prend la forme d'un songe dans lequel le protagoniste (calque évident de Morris lui-même) se trouve projeté dans une Angleterre quelques 30 ans après la révolution socialiste. Au fil du récit, le rêveur effectue un voyage initiatique le long de la Tamise, qui le mène des faubourgs de Londres vers le manoir de Kelmscott dans l'Oxfordshire. Dans le roman, cette «vieille maison» d'esprit médiéval est remplie d'une vie nouvelle : les campagnes environnantes se sont repeuplées et les arts populaires ont été ramenés à la vie, tandis que, dans la métropole désertée, le Palais de Westminster à l'abandon ne sert plus que d'immense grenier à foin. Morris inverse ici la mécanique habituelle de la ruine anticipée : c'est le *passé* qu'il arrache à l'emprise du présent pour tracer la voie d'un futur possible.

Comment expliquer cette extraordinaire longévité de la ruine comme figure d'anticipation ? Dans une étude portant sur la transformation de Londres à l'ère victorienne, l'historienne Lynda Nead rappelle que, pour le citadin ordinaire, l'expérience de la modernité dans la ville du 19e siècle en était une de chaos, de démolitions, d'édifices lézardés ou placardés et de chantiers de construction en perpétuel inachèvement. La métropole toute entière baignait dans la poussière, comme si elle devait rester à jamais hantée par ses états passés[8]. Au 19e siècle, la ruine cesse ainsi d'être le vestige isolé d'un passé lointain pour devenir une réalité concrète et quotidienne.

Or, c'est précisément l'ubiquité de la ruine à cette époque qui en fait un symbole aussi puissant de l'instabilité et de la précarité des choses. En effet, selon le philosophe Marshall Berman, le propre de la modernité est «de ressentir la vie personnelle et sociale comme un maelstrom, de se sentir soi-même ainsi que le monde autour de soi dans un état perpétuel de désintégration et de renouveau, de difficulté et d'angoisse, d'ambiguïté et de contradiction : de participer à un univers où tout ce qui est solide se dissout dans l'air »[9]. En somme, la ruine est partie intégrante de la conscience de l'être moderne.

C'est toutefois un spectacle que les avant-gardes du siècle dernier se sont évertuées à réprimer. Du *Plan Voisin* de Le Corbusier (1925) à la *Hauptstadt Berlin* de Peter et Alison Smithson (1957), les architectes modernistes représentent la métropole du futur sous une forme parfaitement achevée, comme si sa mise en chantier ne devait durer qu'un instant et ne connaître aucune interruption. Or, avec l'obsolescence prématurée des équipements issus de l'après-guerre, il me semble que la ruine retrouve depuis 50 ans la valeur critique qu'elle avait au 19e siècle. Par son état transitionnel (hors d'usage, mais encore debout), elle pointe du doigt le temps long du chantier, dès lors qu'il vise l'échelle de la ville. Par définition incomplète, la ruine rappelle aussi le caractère fragmentaire et contingent de tout projet métropolitain. Enfin, précisément parce qu'elle existe hors du temps courant, la ruine s'offre à nouveau comme canevas privilégié pour toutes les utopies sociales.

Notes

[1] Riegl, Aloïs, *Le culte moderne des monuments : son essence et sa genèse*, Paris, Seuil, 1984. pp. 43-47, 56-57.

[2] Jokilehto, Jukka, *A History of Architectural Conservation*, Oxford, Butterworth-Heinemann, 2002. pp. 77–79, 85–87.

[3] Cité dans Viollet-le-Duc, Eugène-Emmanuel, *Dictionnaire raisonné de l'architecture française du XIe au XVIe siècle*, Paris, A. Morel, 1854-1868. t. 8, p. 19.

[4] Ruskin, John, *The Stones of Venice*, New York, John Wiley and Sons, 1880. t. 1, p. 17 (traduction libre).

[5] McCalman, Iain, « The Virtual Infernal: Philippe de Loutherbourg, William Beckford and the Spectacle of the Sublime », in *Romanticism on the Net*, no. 46, Mai 2007.

[6] Brewer, Daniel, *The Enlightenment Past: Reconstructing Eighteenth-Century French Thought*, Cambridge, Royaume-Uni, University of Cambridge Press, 2008. pp. 189–190.

[7] Ibid, pp. 187–188.

[8] Nead, Lynda, *Victorian Babylon: People, Streets and Places in Nineteenth-Century London*, New Haven, Yale University Press, 2000.

[9] Berman, Marshall, *All That Is Solid Melts Into Air: The Experience Of Modernity*, Londres, Verso, 2009 [1982]. pp. 345–346.

From Rust to Green: Postindustrial Urban Landscapes

Cynthia Hammond, Concordia University

En quoi la vie organique et la biodiversité font-elles partie intégrante de la condition urbaine post-industrielle ? Se pourrait-il que la biodiversité post-industrielle soit, non pas un simple accident de l'histoire, mais la conséquence directe de métamorphoses ayant cours dans les paysages culturels des villes en processus de désindustrialisation ? Afin de préciser ces questionnements, j'avance que les zones anciennement industrielles constituent des modèles pour examiner l'interaction complexe liant les dimensions sociales, spatiales et biologiques de la ville. En particulier, ce texte examine le cas du Champ des possibles, un ancien corridor ferroviaire situé dans le quartier du Mile-End à Montréal.

How is biodiverse, organic life integral to the post-industrial urban condition?

How might post-industrial biodiversity be not a mere accident of history, but rather a direct result of the changing cultural landscapes of deindustrializing cities? To give some shape to this question, I propose that formerly industrial areas provide models for examining the complex interplay of social, spatial, and organic agencies in the urban realm[1]. In particular, this text considers the *Champ des possibles*, a former rail yard in the Mile End district of Montreal, which since 2014 has had municipal recognition as a very unusual public park.

In recent years, interest in post-industrial ruin has been strong. Scholarly and artistic debates have centered upon the politics of "ruin-gazing" and, more controversially, "ruin porn" — aestheticizing images of ruination that gloss over what are, often, devastating social and economic conditions[2]. Yet, certain of these images offer an entry point into thinking about the relationship between the built environment, human intervention (and the absence of such intervention), and organic, non-human life[3]. Artist Camilo José Vergara's powerful 1997 photograph of the ruined interior of a New Jersey public library shows a group of young trees that have taken root in the moist pulp of abandoned books [Fig. 1]. Dramatically illuminated by a broken skylight, this cradle to grave to cradle visual narrative underscores the uncanny effect of biological life thriving in a site where human endeavour, perhaps even culture itself, appears to have failed.

The lure of places like the New Jersey public library is not just their scale, nor their unattended decay, but also how "nature" appears to be reclaiming what industry stole. I want, however, to step away from the binary opposition of nature and culture, likewise from the binary of industrial triumph and failure that is perhaps what is truly at stake in such binaries. In Montreal, as in many cities, urban industrial areas are in the grip of a decisive transformation. The redevelopment and gentrification of working-class neighbourhoods such as Griffintown, Pointe-St-Charles, Hochelaga-Maisonneuve, and others, are part of an ongoing process in which the architectural and planning professions are deeply implicated. While this reshaping affects the built environment, it also has profound social, political, cultural, and ecological effects. I contend that the ecological diversity that has sprung up in such urban settings is a powerful conduit to the complex interplay of these effects. This diversity is, however, profoundly vulnerable within our ambitious and aggressive urban redevelopment ethos. When it comes to weeds Vs condos, condos win every time[4].

There exists in Montreal, however, an urban landscape of post-industrial biodiversity that has evaded the bulldozer and crane thus far. [Fig. 2]

Fig. 1 Photograph of Vergara, Camilo José, « Former Camden Free Public Library, 2nd Floor Reading Room, Broadway at Line St. » (1997). Source: http://www.camilojosevergara.com/Camden/Former-Camden-Free-Public-Library/4/caption

shows an aerial view of the *Champ des possibles*, a 2.2-acre "field of possibilities" located in a formerly industrial section of the Mile End neighbourhood, which is part of the Plateau Mont-Royal borough. The site runs adjacent to Canadian Pacific Railway tracks that separate Mile End from the neighbouring district of Rosemont to the north. Trains still run regularly, several times an hour. To the south-east lies a walled, Carmelite convent, still used as such. To the south-west, a bank of substantial buildings loom up to twelve stories high. Built between 1950–1975, and following a period of decline, these textile factories are now fully in use. Some have been adapted as artist studios and galleries, but most are occupied by startups, co-working spaces, and game developers. While there are no roads or other means for cars to cross the landscape, there is a steady, illegal stream of pedestrian and cycling traffic across the Canadian Pacific tracks between Rosemont and Mile End. There is also a vital, unregulated culture of urban harvesting, both in the form of foraging and in the form of more organized activity, such as beekeeping. The *Champ des possibles* terminates where the Rosemont overpass, the train tracks, and this

terrain vague all meet, to the west, at rue Bernard[5].

Despite its current appearance as a place of urban wilderness, the origin of the *Champ des possibles* is located in Montreal's industrial past. **[Fig. 3]** shows a detail of the 1949 Land Use Map of Montreal, which indicates today's *Champ des possibles* as a working railway landscape in the postwar era. The St-Louis freight yard

was built in the late nineteenth-century to service trains and, later, to provide transportation for raw materials and manufactured goods from this busy industrial hub. It was a significant employer in the district. Urban planner Owen McSwiney and artist Emily Rose Michaud's publication about this site observes that the decision to locate the rail yard in Mile End resulted in the district's development into an urban nucleus[6]. With the decline of manufacturing and rail industry in the 1960s, and the rise of car culture and highway transport, the yard fell into disuse. The St-Louis yard closed to trains in 1975. And while the textile factories continued to produce their wares, Mile End entered a period of economic scarcity and residential vacancy that continued through the 1980s and early 90s. It was during this period of neglect that the oil-soaked yard gradually began to go green **[Fig. 4]**.

Ruderal or self-seeded landscapes have been gaining attention since the end of the Second World War, especially with the dramatic "RUR-

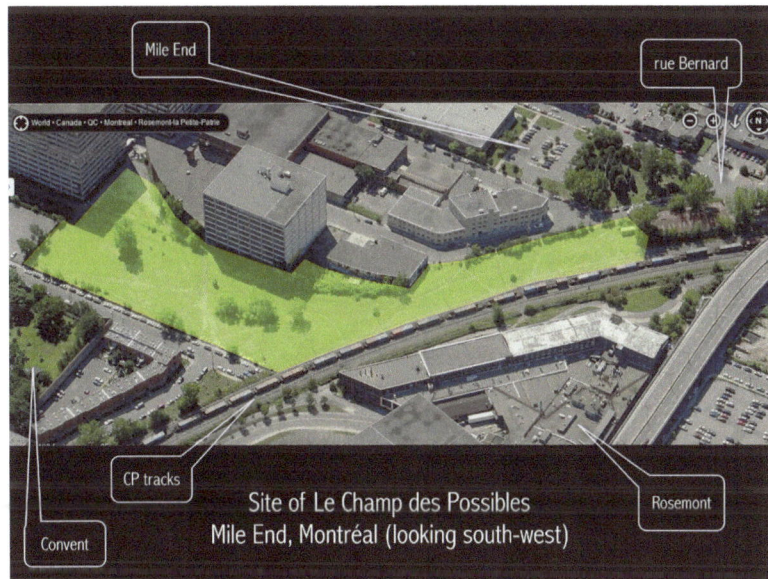

Fig. 2 Site of the Champ des possibles. Source : Bing map (2016).

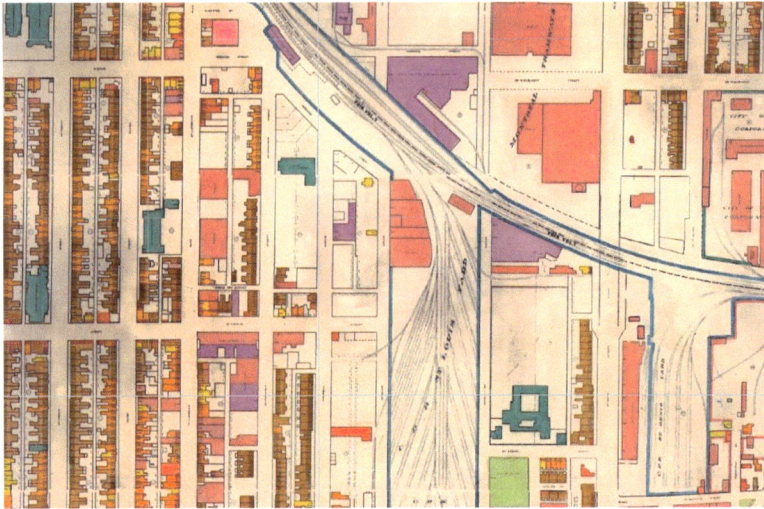

Fig. 3 Detail, Land Use Map of Montreal (1949). Source : http://archivesdemontreal.com/2013/03/22/les-plans-dutilisation-du-sol-de-la-ville-de-montreal-en-1949/

like wild carrot, goldenrod, clover, vetch, and milkweed, will grow quickly in formerly industrial sites. But it is important to note that despite their substantial presence in the *Champ*, none of these species were cultivated here. Instead, Saint-Laurent explains, they "train-hopped here from all over the North American continent". The deaths of these remarkable plants (which many gardeners have reviled as simply "weeds") built a layer of organic decay, which spawned a great many other forms of plant life. These plants in turn support a robust range of insect and animal diversity; to date, over 300 species of flora and fauna have been identified by urban naturalist Roger Latour and landscape architect Caroline Magar[10].

banization" of major North American cities[7]. Biologists, seeking to describe the special characteristics of spaces like the *Champ* have identified them as "biotic communities". Montreal geographer, Diane Saint-Laurent describes the process by which these communities form as intrinsically connected to the formation of "biogeographical islands" in areas that were, from planning and industry perspectives, never envisioned as supporting biological life. The special attribute of biotic communities is that biogeographical islands encourage other, adjacent sites to go green, effectively forming green clusters, or green archipelagos. Saint-Laurent observes that biogeographical islands, while valuable in and of themselves, have the added benefit of creating, together, "*une sorte de cortège floristique reproductible d'un espace à l'autre*"[8].

How do biogeographical islands accomplish this proliferation? The answer has to do with human intervention. Post-industrial sites are particularly hospitable to hemerochores: species that tend to spring up in the

wake of human disaster, such as aerial bombing or in sites torn up and then abandoned by industry[9]. Often hemerochores have tiny seeds, light enough to travel airborne over great distances, such as poplar and wheat, but also milkweed and wild carrot [Fig. 5 and Fig. 6]. Typically, species that flourish in contaminated soil,

In addition to the *Champ*'s rich biodiversity, the confluence of ruin and renewal on this site has captured the imagination of nearby residents as well as urban ecologists, activists, planners, and artists[11]. This *friche urbaine* has been the site of numerous art installations and events, some planned, some spontaneous, and

Fig. 4 Photograph, *Le Champ des possibles*. Source: author (2011).

Fig. 5 Photograph of wild carrots growing in the *Champ des possibles*. Source: Cynthia Hammond (2014).

some monumental. Artist Emily Rose Michaud began the "Roerich Garden" project in 2009[12]. Its title refers to the Roerich symbol, which was painted onto the roofs of important buildings and sites during World War II in an attempt to protect historic monuments from bombers. Michaud worked with a large team to literally plant this three-circle symbol into the ground of the *Champ* at a moment when the City was considering developing this terrain. Michaud's intervention, as well as numerous projects by other artists, has helped to make the Champ more visible — a crucial strategy that buttresses the romance of urban wilderness with direct, emplaced, collective action.

This confluence of creative and collective action also led to the formation of the citizen-led group, Les *Amis du champ des possibles*, whose mandate is to protect this unique landscape from development. They also encourage local understanding about, and seek to protect its many species. After six years of energetic lobbying and outreach[13], *Les Amis* succeeded

in having the terrain designated as a public park in 2014. Even more remarkable is the fact that *Les Amis* lobbied to have themselves named as co-managers of the space, along with the City of Montreal[14]. The *Champ des possibles* is thus a powerful example of what Lee Rodney calls "experimental

strategies for stabilizing communities by marking, occupying, and enlivening abandoned space"[15].

That said, the manner in which artists mobilized their production to save the *Champ des possibles* creates a valuable contrast to the tiresome notion that space is passive, and artists come along with their work to "activate" it. As I have argued elsewhere, space is "too often seen as a passive, inert entity, awaiting the seminal touch of the artist to fill it, god-like, with life"[16]. The example of the *Champ* shows how artists here have not just flung themselves into the ''vague pursuit of making city spaces 'meaningful' ''[17] but have instead responded to (and been themselves activated by) the specificities of this unusual place. And so, successful as all the creative strategies have been in the *Champ*, it is important to remember that they are responding to what Diane Saint-Laurent calls "another form of occupation": biological life whose presence depends upon the difficult twinning of human exploit and "natural" resilience. Indeed, the essential point about biogeographical islands is that they

Fig. 6 Photograph of milkweed pod in the *Champ des possibles*. Source: Shauna Janssen (2015).

are, as environmental sociologist Jens Lachmund puts it, "natural and cultural at the same time"[18]. The *Champ* is both unique and instructive because this dual condition is — very unusually — the reason for its survival.

Just as industrial ruins can only speak to the collective past if they remain visible as ruins, so too can post-industrial landscapes contribute to urban biodiversity only if their ruderal qualities are preserved. To seek this capacity through places like the *Champ des possibles* is to reach forward, into an urban potential whose form we have not yet begun to grasp, but to whose shape we intractably belong, alongside, not above, the weeds. My provocation is to ask how the architectural and urban design communities, like the artists in the *Champ des possibles*, could better collaborate with the delicate ecologies that surround and sometimes even inhabit the ruins of our cathedrals of industry? What, in other words, would a post-industrial architectural culture look like if it put the weeds … first?

Notes

[1] I have explored elsewhere the history and present culture of the *Champ des possibles* in an artist essay, « Possible » for a special issue of *In Circulation: To Participate: Global and Spatial Perspectives*, Clintberg, Mark, Vergara, Erandy—Vargas, eds. no 4, 2014. Available at: http://incirculation.ca/hammond/.

[2] See: Apel, Dora, *Beautiful Terrible Ruins: Detroit and the Anxiety of Decline*, Ithaca, Cornell University Press, 2015; Cowie, Jefferson and Heathcott, Joseph ed., *Beyond the Ruins: The Meanings of Deindustrialization*, Ithaca, Cornell University Press, 2003; DeSilvey, Caitlin and Edensor, Tim, « Reckoning with Ruins », *Progress in Human Geography*, 2012. pp. 1–21; Dillon, Brian, ed., *Ruins*, London, Whitechapel, 2011; Edensor, Tim, « The Contemporary Uses of Industrial Ruins », in *Industrial Ruins: Space, Aesthetics and Materiality*, New York, Oxford, Berg, 2005. pp. 21–52; Pinder, David, « Arts of Urban Exploration », *Cultural geographies,* no 12, 2005. pp. 383–411; Stoler, Ann Laura « Imperial Debris: Reflections on Ruins and Ruination », *Cultural Anthropology,* 23.2, Spring 2008. pp. 191–219; Strangleman, Tim, « 'Smokestack Nostalgia,' 'Ruin Porn' or Working-Class Obituary: The Role and Meaning of Deindustrial Representation », *International Labor and Working-Class History*, special issue « Crumbling Cultures », no 84, 2013. pp. 23–37.

[3] I first began to consider the relation between these three elements, or figures, through teaching. My former student, photographer Louis Perrault did an independent study with me in 2010 that explored the creative and theoretical terrain linking humans, art, and organic life, especially through the work of Elizabeth Grosz. This course led me to teach a doctoral seminar in 2011 on posthumanist thought. For this seminar, Shauna Janssen wrote a paper that examined Vergara's photographs of Detroit, among other artists, and I thank her for introducing me to his iconic image of the Camden Public Library.

[4] A case in point is rue Sebastopol in Pointe-St-Charles, where for thirty years a well-established, self-seeded green corridor provided a natural sound barrier between Sebastopol Row (some of North America's oldest housing stock) and the Canadian-Pacific train yards to the east. Over the course of spring and summer 2016, these trees and associated flora were destroyed and replaced with a packed-earth berm, intended to reduce train sound. The berm, however, actually amplifies sound because of its construction, and diminishes local biodiversity because it has been planted with a resource-hungry monoculture—grass. The decision to build a berm, which is more a visual barrier than a sound barrier, may be related to the increase in high-end housing in this neighbourhood over the past 10 years. See also Luderowski, Muriel, *Sound, Deindustrialization, and Gentrification: The Changing Aural Landscape of Point St-Charles*, forthcoming MA thesis, Department of Art History, Concordia University.

[5] I discuss the morphological and cultural aspects of this point of termination in my essay, « Rue Bernard », *Flaneur Magazine*, (ed. Saul, Fabian), no 3, 2014. pp. 74–79.

[6] McSwiney, Owen and Michaud, Emily Rose, « Le Champ des Possibles—The Field of Possibilities », in *DIY Citizenship: Critical Making and Social Media*, (ed. Ratto, Matt and Boler, Megan), Cambridge, MA., London, England, MIT Press, 2014. p. 270.

[7] Rodney, Lee, « Art and the Post-Urban Condition », in *Cartographies of Place: Navigating the Urban*, Marchessault, (eds. Janine and Darroch, Michael), Montreal, Toronto, McGill-Queen's University Press, 2012. pp. 253–270.

[8] « A sort of floral procession, reproducible from one place to another » (author's translation). Saint-Laurent, Diane, « Approches biogéographiques de la nature en ville : parcs, espaces verts et friches », in *Cahiers de géographie du Québec* 44.122, 2000. p. 149.

[9] Sukopp, Herbert, Blume, Hans-Peter, Kunick, Wolfram, « The Soil, Flora, and Vegetation of Berlin's Wastelands », in *Nature in Cities : The Natural Environment in the Design and Development of Urban Green Space*, (ed. Laurie, Ian C.),

Chichester, New York City, Brisbane, Toronto, John Wiley & Sons, 1979. pp. 118–219. See also Hammond, Cynthia, « The Thin End of the Green Wedge: Berlin's Planned and Unplanned Urban Landscapes », in *Urban Forests, Trees, and Green Space: A Political Ecology Perspective*, (eds. Sandberg, Anders, Bardekjian, Adrina, Butt, Sadia), Earthscan, Routledge, 2014. pp. 207–224.

[10] Both Latour and Magar are closely involved with *Les Amis du Champ des possibles*, the community organization that has detailed and worked to protect the biodiversity of the Champ. See, for example, their publications: Latour, Roger, Magar, Caroline, *Flora Urbana*, http://floraurbana. blogspot.com (ongoing); *Biodiversité du Champ des possibles : Catalogue des espèces*, Montréal, Les Amis du Champ des possibles, 2014; and Latour, Roger, *Guide de la flore urbaine*, Montréal, FIDES, 2009. Latour has stated that the Champ has « the highest rate of biodiversity within a two-kilometre radius. Only Mount Royal can rival it » (quoted in Bruemmer, René, « CP razes Mile End protected green zone by accident », Montreal Gazette, 16 October 2014). Available at: http://www.montrealgazette. com/technology/razes+Mile+protected+gree n+zone+accident/10301886/story.html.

[11] On the citizen action in the Champ see Huang, Cindy, « Keys to the City: Montreal's Street Pianos », Spacing/ Montreal, 2 September 2012. http://spacing. ca/montreal/2012/09/02/keys-to-the-city-montreals-street-pianos/.

[12] For more information about Michaud's practice, please see http://www. emilyrosemichaud.com and http:// roerichproject.artefati.ca/author/ emilyrosemichaud/ (ongoing).

13 Please see http://amisduchamp. com and https://www.facebook.com/ pages/Les-Amis-du-Champ-des-Possibles/151040175073801.

[14] In fall 2014, Canadian Pacific unexpectedly demolished a large section of the Champ in order to effect repairs to the train tracks. The corporation claimed that they thought, in error, that they still owned the land. Mistake or not, toxic soil that had been buried deep for over a generation was dragged up to contact level. My essay for *In Circulation* (cited above) explores this incident.

[15] Rodney, Lee, p. 262.

[16] See Hammond, Cynthia, *Architects, Angels, Activists and the City of Bath, 1765–1965: Engaging with Women's Spatial Interventions in Buildings and Landscape*, Aldershot, England, Burlington, VT., Ashgate, 2012. p. 192.

[17] Ibid. p. 195.

[18] Lachmund, Jens, « The Making of an Urban Ecology », in *Greening the City: Urban Landscapes in the Twentieth Century*, (ed. D. Brantz and S. Dümpelmann), Charlottesville, VA, University of Virginia Press, 2011. p. 214.

Fragment d'une utopie : le stade olympique de Montréal et la crise de la ville ludique

Denis Bilodeau, Université de Montréal

In the history of large abandoned structures, a place should be reserved for Olympic infrastructure, as well as for those of world's fairs. The facilities for the summer games in Munich (1972), Athens (2004), Beijing (2008) or even the winter games of Sarajevo (1984) and Sochi (2014) demonstrate varying degrees of abandonment, made even more dramatic by the striking expenses and cost overruns that marked their construction. From this perspective, Expo 67 and the 1976 Olympics of Montreal constitute two interesting case studies.

Dans l'histoire des grandes structures abandonnées, une place devrait sans doute être réservée au cas des infrastructures olympiques, tout comme à celui d'ailleurs des grandes expositions universelles.
Les installations pour les jeux d'été de Munich (1972), Athènes (2004), Pékin (2008) ou encore pour les jeux d'hiver de Sarajevo (1984) et Sotchi (2014) présentent à divers degrés des situations d'abandon d'autant plus dramatiques que celles-ci ont aussi fait l'objet de coûts, voire de dépassements de coûts, faramineux. De ce point de vue, l'Expo 67 et les Olympiques de 1976 de Montréal constitueraient deux études de cas intéressantes.

Les Jeux olympiques de Montréal sont d'ailleurs considérés par le CIO comme un « modèle d'échec post-olympique ». Le stade aurait coûté près de 1,1 milliard de dollars et serait aujourd'hui pratiquement inutilisé. La cause la plus évidente de cet échec semble être l'inachèvement du projet au moment de l'ouverture des jeux en 1976 **[Fig. 1]**, conséquence de nombreux retards dans le processus de construction auxquels se sont ajoutés la durée excessive des travaux de parachèvement, de même que les opérations récurrentes d'entretien et de restauration majeurs jusqu'à aujourd'hui. La construction du mât ne fut achevée qu'en 1987 et ne recevra finalement son premier locataire qu'en 2017 **[Fig. 2]**. Directement

associés à ce délai, ce sont surtout les multiples études et déboires entourant la réalisation d'une toiture fixe ou rétractable qui ont sans doute le plus miné le potentiel d'utilisation du stade depuis quarante ans, une question toujours en suspens après quatre tentatives désastreuses et une cinquième toujours sur la planche à dessin.

Les difficultés relatives à la reconversion des installations olympiques après les jeux seraient aussi attribuables, selon plusieurs analystes, au manque d'élaboration de stratégies urbanistiques, financières et gestionnaires responsables et flexibles, adaptées au contexte social, économique et urbanistique de la ville hôte, celles-ci devant inévitablement être mises en place dès la phase préolympique soit au moment de la conception des infrastructures. L'absence d'études de marché, le dirigisme du maire Jean Drapeau, le

Fig. 1 Vue d'ensemble du site des installations olympiques inachevées de Montréal en 1976. Source : Image libre de droits.

Fig. 2 Vue d'ensemble du site des installations olympiques de Montréal en 1992.
Source : gracieuseté du CIO.

manque de transparence du processus d'attribution des contrats, la politisation des chantiers, les difficultés de gestion qui ont entaché le processus de réalisation du projet ont souvent été pointés du doigt[1]. Ce diagnostic, issu d'un regard contemporain de gestionnaires, ne permet toutefois pas de comprendre les modèles d'anticipation qui ont permis au projet du stade de voir le jour durant les années 1970 ni comment ces derniers ont pu engendrer autant de difficultés.

Dans un article précédent, je me suis intéressé à ces modèles d'anticipation tels qu'ils apparaissent dans le discours des principaux acteurs à l'origine du projet, le maire Jean Drapeau, l'architecte Taillibert et le Comité olympique. J'ai aussi tenté de comprendre le contexte historique et idéologique d'émergence de ces différents discours. Je me contenterai ici d'en évoquer les principaux aspects[2].

Dans les années 1960, les urbanistes, de concert avec les démographes, prévoyaient que Montréal et sa région atteindraient une population de près de cinq millions d'habitants autour de

l'an 2000. Les plans de développement envisageaient la création de villes satellites ou « noyaux » à forte concentration démographique autour de la métropole, reliées directement entre eux et au centre par un vaste réseau d'autoroutes [Fig. 3]. Dans ce contexte, les installations olympiques implantées

dans l'est de Montréal étaient appelées à servir d'amorce à un nouveau centre-ville périphérique[3].

Le parti architectural compact adopté pour ce projet complexe par l'architecte Roger Taillibert s'inscrit bien dans cette vision. Il peut aussi être compris en lien avec les recherches sur les mégastructures qui ont cours dans les années 1960, en particulier celles effectuées en France par ceux que Michel Ragon appelait les « visionnaires de l'architecture ». Les travaux de Claude Parent sont particulièrement intéressants à cet égard, parce qu'ils abordent directement les thèmes et développent les motifs que l'on retrouvera plus tard à Montréal. Ainsi le concept de la « ville oblique », qui se veut une alternative aux modes de développement horizontaux et verticaux de la ville traditionnelle et de la ville moderne, se présente comme une forme naturelle, un relief topographique pouvant être gravi et habité [Fig. 4]. Parent le définit comme un espace de l'effort, effort physique et thérapeutique du corps dans l'espace confronté

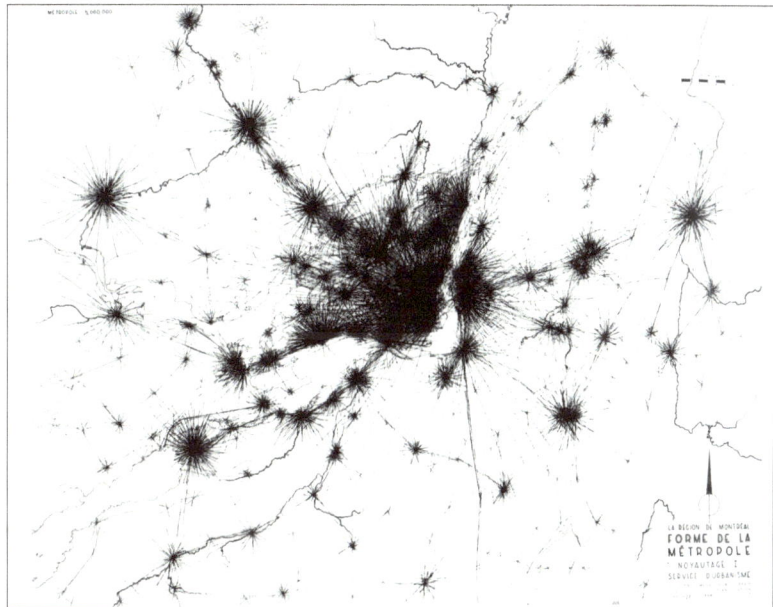

Fig. 3 Montréal en l'an 2000. Source : L. Beauregard, *Montréal Guide d'excursion*, 1972, p.195.

Fig. 4 Claude Parent, Villes cônes éclatées (1960).
Source : M. Ragon, *Les cités de l'avenir*, 1982, p. 145-146.

constamment aux plans obliques, mais aussi, effort structural, « symbole d'un dynamisme nouveau ». Notons que la morphologie générale du site olympique de Montréal évoque de façon saisissante le projet Spirale III de Claude Parent, un dessin réalisé en 1971 montrant un enchaînement de mégastructures urbaines formant, dans un mouvement continu, un paysage d'amphithéâtres et de montagnes artificielles[4] **[Fig. 5]**.

L'urbanisme et l'architecture utopiques, tant du côté français qu'au sein du groupe Archigram ou des Métabolistes, véhiculent par ailleurs une conception de l'avenir qui entrevoit l'émergence d'une société de loisir. Ainsi, la ville est appelée à devenir un lieu principalement voué au loisir, au sport, à la culture et à l'information. Dans ce contexte, il n'est pas surprenant de voir l'architecture sportive émerger comme un lieu privilégié d'expérimentation urbanistique et sociale. En exergue de son livre *L'Architecture de l'avenir*, Michel Ragon placera d'ailleurs une photo du site des installations

olympiques de Tokyo, soulignant que « l'athlétisme avait suscité les cités antiques. Pour les Jeux olympiques de 1964, Tokyo n'a pas hésité à construire un centre sportif d'une beauté neuve ». De plus, lors du congrès de l'Union internationale des architectes, organisé en 1968, soit tout de suite après les

Jeux de Mexico, la communauté architecturale avait senti le besoin de prendre position quant à la philosophie qu'il conviendrait d'adopter dans la conception des futures infrastructures et équipements olympiques. Dans le Manifeste de Mexico, on pouvait lire, « L'œuvre d'architecture se combinera avec le paysage urbain clair et défini de la nouvelle ville, avec le souffle et l'échelle appropriée aux besoins présents de l'homme et le caractère universel des Jeux olympiques aujourd'hui... ». De plus, « tous les quatre ans, les Jeux olympiques offrent une occasion exceptionnelle d'utiliser de nouvelles techniques de construction qui par leurs souffles extraordinaires permettent aux architectes de demeurer à l'intérieur de la vraie nature de leur mission qui est la maîtrise de l'espace... démontrant l'impact du sport dans la conception monumentale des bâtiments caractéristiques de notre condition culturelle présente »[5].

Dans un petit livre publié en 1976 dont le titre *Construire l'avenir* trahit la sympathie de l'auteur envers les idées des visionnaires de l'architecture, Taillibert explique : qu'« il s'agissait

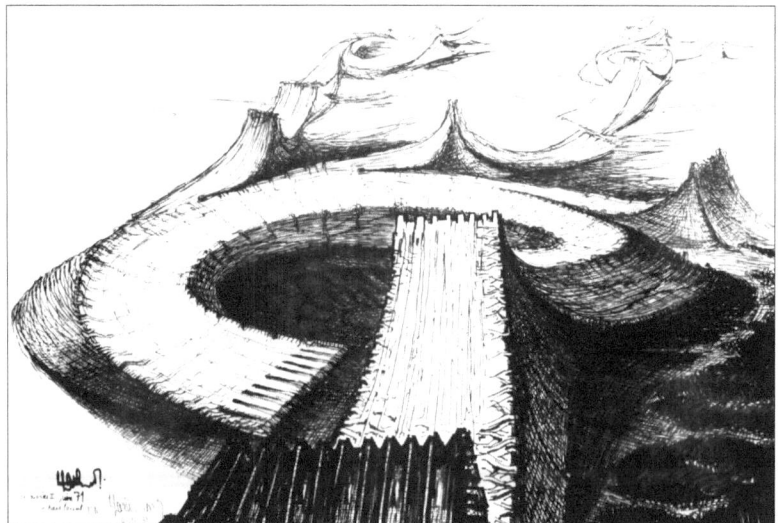

Fig. 5 Claude Parent, Spirales III, 1971.
Source : M. Ragon, *Les cités de l'avenir*, 1982, p.151-152.

de créer une vie sportive permanente qui deviendrait une vie de la culture sportive. À Montréal aujourd'hui c'est cela. Ce qui a été réalisé ce n'est pas un stade destiné à n'être occupé qu'une fois par semaine, mais un ensemble composé de bâtiments proches les uns des autres qui permettent une meilleure gestion thermique en hiver et de tout temps une grande fréquentation puisqu'il existe la possibilité de créer une vie collective autour de cet ensemble »[6].

Sur le plan architectural, on retrouve à travers les installations olympiques une combinaison d'éléments et de motifs qui semblent directement issus des projets visionnaires des années soixante. La tour penchée, l'amphithéâtre, la pyramide et la toile suspendue représentent, pour Taillibert, de véritables solutions structurales et spatiales aux problèmes urbains de l'avenir. De plus, selon lui, ce n'est que dans la mesure où elle exploite de façon créative les potentialités techniques de son époque que l'architecture peut prétendre en exprimer les aspirations les plus profondes. La tour Eiffel, par sa construction audacieuse en acier en est, pour lui, le meilleur exemple. On comprend dès lors, l'importance que l'architecte du stade attribue entre autres à la technologie du béton précontraint et à la préfabrication, un attachement indéfectible, voire obstiné, qui aura des répercussions directes sur le projet du stade et qui n'est évidemment pas étranger aux complications relatives à sa construction et à son parachèvement. Ici, pour Taillibert comme pour les « visionnaires », les idéaux de l'architecture rejoignent ceux de l'olympisme.

Au début des années 1970, le projet de Taillibert apparaissait comme l'aboutissement d'une approche urbanistique et architecturale

Fig. 6 Photographie du chantier des installations olympiques de Montréal.
Source : Image libre de droits.

révolutionnaire ayant fait de Montréal le modèle de ville moderne dont rêvait le maire et les architectes de l'époque. Dans son ouvrage *Megastructure : Urban Future of the Recent Past,* publié en 1976, Reyner Banham décrivait d'ailleurs Montréal comme le seul exemple d'application systématique des principes de planification associés au concept de mégastructure. Dans le même esprit, il considérait les infrastructures conçues pour Expos 67, comme l'incarnation même des idéaux de la ville ludique[7].

Au milieu des années 1970, toutefois, le climat change. À la croissance s'oppose la menace d'une récession. On préfère maintenant parler de consolidation, voire de préservation du tissu urbain existant plutôt que de développement. C'est ainsi que la décision de l'administration Drapeau d'implanter les installations olympiques à l'extérieur du centre de Montréal suscitera de nombreuses protestations. Plusieurs regroupements d'architectes, d'urbanistes et de citoyens proposent plutôt d'utiliser les îles et les infrastructures d'Expo 67 trop vite abandonnées afin de revitaliser et

rentabiliser les investissements passés. La construction du Village olympique sur le site du parc Viau est également contestée par les mouvements écologistes qui appréhendent la destruction du patrimoine de parcs de Montréal[8].

Sans doute l'opposition la plus puissante au projet de Taillibert provient-elle du milieu québécois de la construction qui se voit, par l'entente signée entre la ville et l'architecte, partiellement privé des revenus d'un chantier colossal **[Fig. 6]**. La technologie du béton précontraint, importée de France pour répondre à la conception de Taillibert, s'oppose aux traditions nord-américaines de construction en acier et elle fera l'objet de nombreux litiges entre l'architecte français et les ingénieurs québécois. Si dans son livre, Taillibert décrit cette opposition comme une entrave au progrès, il s'agit surtout d'une question politique et économique.

Comme le soulignait Reyner Banham, si à Montréal au cours des années 1960 les mégastructures ont quitté les planches à dessin des visionnaires pour

Fig. 7 Photographie du déchirement de la toiture du stade olympique de Montréal en 1999.
Source : John Kenney, archives du journal *The Gazette*.

momentanément menacer de recouvrir la ville, voire le continent, c'est qu'elles représentaient une typologie et un mode d'intervention devenu acceptable et même profitable pour les grandes entreprises de développement et les organismes de contrôle. De plus, si au cours de cette décennie les concepts issus des schémas des visionnaires semblent à la source de propositions architecturales et urbanistiques qui permettent de profiter des conditions physiques et économiques réelles de développement du centre-ville, le projet des installations olympiques témoigne plutôt d'une véritable occultation du potentiel spécifique de Montréal, tant au niveau de l'industrie de la construction que de sa logique de développement et de sa morphologie urbaine. En dernière analyse

toutefois, les difficultés entourant la réalisation du projet de Taillibert semblent représentatives non seulement du déclin des modèles de la ville ludique et de la mégastructure, mais aussi, comme le soutenait Manfredo Tafuri, de la crise de la pensée utopique comme force de renouvellement dans la conception de l'environnement bâti au milieu des années 1970. C'est sur cette toile de fond qu'il faut peut-être interpréter les déboires des installations olympiques de Montréal depuis plus de 40 ans : inachevées, inoccupées, effondrées, déchirées, abandonnées… déboires dont la chronique relatée sous forme de saga et de psychodrame identitaire par les médias a aussi, à sa manière, probablement contribué à l'abandon du site dans l'imaginaire collectif **[Fig. 7]**.

Alors que certains commentateurs réclamaient encore récemment la destruction du stade pour en finir avec cette triste histoire, on voit aujourd'hui parallèlement se former des groupes de réflexion sur l'avenir des installations et s'élaborer des projets d'études en vue d'un éventuel classement patrimonial du stade, signe que la réhabilitation de ces équipements devra sans doute passer par la reconstruction de leur capital symbolique.

Notes

[1] Roult, Romain, *Reconversion des héritages olympiques et rénovation de l'espace urbain : le stade olympique comme vecteur de développement*. Thèse de doctorat en études urbaines et touristiques, UQAM, octobre 2011.

[2] Bilodeau, Denis, «Modernisation et utopie : l'architecture des infrastructures olympiques de Montréal pour les jeux de 1976», in *Architecture et modernité. Histoire et enjeux actuels*. Trame no15, revue de l'aménagement, 2004. pp. 215-230.

[3] «Montréal en l'an 2000» dans Beauregard, Ludger, *Montréal guide d'excursion*, 1972. p.195.

[4] Ragon, Michel les ouvrages suivants : *Les visionnaires de l'architecture*, Paris, R. Laffont, 1965; *Les Cités de l'avenir*, Paris, Encyclopédie planète, 1966 et *Claude Parent. Monographie critique d'un architecte,* Paris, Dunod, 1982. pp. 143-164.

[5] « UIA Manifesto of Mexico — 1968» dans Wimmer, Martin, *Olympic Buildings*, RDA, Leipzig, 1976. p. 216.

[6] Taillibert, Roger, *Construire l'avenir*, Paris, Presse de la Cité, 1977. p.70.

[7] Banham, Reyner, « Megacity Montreal », in *Megastructure. Urban Futur of the Recent Past*, New York, Harper and Row, 1976.

[8] Pour l'histoire de la résistance au projet de Drapeau et Taillibert voir notamment : Marsan, Jean-Claude, «Expo 67, the 1976 Olympic Games and Montreal Urban Design and Development», conférence présentée à Soul en juin 1988.

Ruin, Rust et *Green*

Tiphaine Abenia, Université de Montréal, ENSA Toulouse

In different ways, the three speakers invite us to reflect upon the large abandoned urban structure through an encounter between human construction and natural intervention. During this session, the built environment appears as an ancient ruin, abandoned railway infrastructure, and partially incomplete megastructure. The following reflection proposes the investigation of this rapprochement between construction and nature in a search for a definition of the large abandoned structure: how can the study of the relationship between built and natural environments illuminate the diverse phenomena inherent to the large abandoned structure?

Sur des registres différents, les trois conférenciers[1] nous invitent à penser la grande structure urbaine abandonnée au travers d'une rencontre entre construction humaine et intervention naturelle.
La réflexion qui suit propose d'interroger ce rapprochement dans une recherche de définition de la grande structure urbaine abandonnée.

Au cours de cette session, la structure édifiée apparait tour à tour comme ruine antique, infrastructure ferroviaire abandonnée et mégastructure partiellement inachevée. Quant aux manifestations naturelles, elles prennent elles aussi des formes plurielles. Si le passage du temps, compris comme agent naturel et inexorable, traverse les trois présentations ; des formes d'interventions naturelles spécifiques participent d'une survivance de la structure urbaine abandonnée. Dans la première intervention, on devine cette présence naturelle par l'importance des paysages servant d'écrin bucolique à la ruine antique. N. Roquet repositionne en effet la ruine antique dans l'esthétique de son « jardin pittoresque ». Dans la seconde présentation, C. Hammond nous parle des processus de reconquête végétale dont font l'objet les friches ferroviaires. Enfin, dans l'analyse faite par D. Bilodeau de la tour du stade olympique de Montréal, des forces naturelles — et en particulier climatiques — accompagnent les errances

historiques de la structure. Une facette définitionnelle de la grande structure urbaine abandonnée pourrait ainsi être approchée dans cette tension liant construction humaine et manifestation naturelle. Néanmoins, cette intrication semble connaître des rapports de force variables. Nous proposons de revenir sur trois de ces rapports, illustrés par les exemples amenés par les conférenciers, et synthétisés sous les appellations de *Ruin, Green* et *Rust*[2].

Ruin. Au cours des discussions, Jean-Louis Cohen soulève l'apport fondamental du sociologue et philosophe allemand Georg Simmel qui, en 1912, développe une réflexion sur la ruine, avec la thèse principale que cette dernière voit la nature aller à l'encontre du processus historique de l'humanité. Le philosophe décrit ce renversement en ces termes : « Le charme de la ruine consiste dans le fait qu'elle présente une œuvre humaine tout en produisant l'impression d'être une œuvre de la nature (…) Cependant, tant que l'on peut parler de ruines et non de morceaux de pierres, la nature ne permet pas que l'œuvre tombe à l'état amorphe de matière brute »[3]. Cette citation traduit la bataille que se livrent construction humaine et nature. Après avoir été abandonnée, la structure bascule dans un schéma inverse d'érosion et de décomposition. Or, ce qui est remarquable dans la figure de la ruine, c'est l'équilibre qui émerge de ce nouveau rapport de force. La ruine ne se laisse que partiellement conquérir par le végétal, ses pierres glissent vers la roche naturelle mais conservent des traces du travail de l'homme. La ruine concrétise ainsi un équilibre aussi fragile que temporaire, que d'aucuns qualifieraient de « réconciliation » entre construction humaine et intervention naturelle. Les peintures partagées par Nicholas Roquet, présentant des ruines nichées dans leurs écrins végétaux, témoignent de cet équilibre. Si le cadre naturel révèle en son centre la construction humaine, cette structure semble réciproquement intensifier la force et la beauté du paysage l'enveloppant.

Green. Cependant, en l'absence d'action de maintenance ou de rénovation, les forces naturelles prennent le pas sur celles inhérentes à la construction humaine. La ruine glisse vers un statut différent, celui qualifié par Cynthia Hammond de *Green*. La végétation n'est plus force de révélation de la structure, elle supplante par sa force, mais aussi par la valeur qu'on lui attache, la construction humaine qui la précédait. L'exemple du *Champ des possibles* illustre cette émergence de valeurs nouvelles autour de la riche biodiversité découverte sur la parcelle. L'infrastructure disparait sous l'activité végétale qui recouvre, plie et ronge les dernières marques de cette construction humaine. L'équilibre du rapport (nature : culture) bascule en faveur du règne végétal.

Rust. Or, cette reconquête triomphante de la nature au cœur des villes se limite à des expériences localisées et encore peu nombreuses. Le paysage dominant de l'abandon en ville reste celui d'un environnement urbain majoritairement artificiel et saturé d'artefacts humains. Dans son article « Anxious Landscapes : From the Ruin to the Rust », l'historien et théoricien de l'architecture Antoine Picon qualifie un tel paysage de « technologique », dans lequel « l'herbe sauvage existe seulement entre des

bandes d'asphalte »[4]. Ce paysage est le lieu d'une inversion du rapport de force entre construction humaine et manifestation naturelle. La nature y est rare, confinée et circonscrite. Les structures humaines abandonnées sont nombreuses et semblent s'être affranchies de tout environnement végétal. Cette autonomie n'est cependant qu'apparente car les forces naturelles ne peuvent être réduites aux seules manifestations végétales. En particulier, c'est à partir des altérations de surface, des variations de texture que la tension entre construction et nature ressurgit. Cette tension est synthétisée sous l'appellation de *Rust* (rouille). À titre d'exemple, si la tour du stade olympique de Montréal ne peut, du fait du maintien général de son intégrité physique et structurelle, être rapprochée de la ruine, elle porte néanmoins les marques du temps. Nous percevons dans les altérations de son béton, dans l'oxydation de ses fixations et dans les micro-déchirures de sa toiture, l'expression d'une nature agissante.

Ruin, *Green* et *Rust* sont trois états porteurs de différents rapports de force liant construction humaine et nature. Loin d'être des états stables, ils témoignent de moments transitionnels, fragiles et partiellement réversibles. Ces différents jalons pourraient participer à un travail de distinction entre grandes structures abandonnées, au balisage de la trajectoire dans le temps d'une seule et même structure, mais également à la considération de l'hétérogénéité des parties composant une structure donnée. En valorisant ce rapport au temps, les jalons identifiés appellent ainsi à considérer la grande structure urbaine abandonnée non comme un objet statique, mais comme un processus, par nature dynamique.

Notes

[1] Ces réflexions font suite à la deuxième session du séminaire annuel du LEAP et aux discussions qui ont émergé des présentations proposées par (1) Nicholas Roquet — « Ruine et utopie », (2) Cynthia Hammond — « From Rust to Green » et (3) Denis Bilodeau — « Fragment d'une utopie : le stade olympique de Montréal et la crise de la ville ludique ».

[2] La cristallisation autour des trois jalons *Ruin*, *Rust* et *Green* a été alimentée par deux contributions : celle de Cynthia Hammond pour le séminaire du LEAP (dans laquelle elle identifie un passage « From rust to green »), et celle d'Antoine Picon (2000) analysant le basculement « From the Ruin to Rust ».

[3] Simmel, Georg, « Réflexions suggérées par l'aspect des ruines », in *Mélanges de philosophie relativiste. Contribution à la culture philosophique*, Paris, Chap. VII, 1912 (Traduction A. Guillain). p. 117.

[4] Picon, Antoine, « Anxious Landscapes: From the Ruin to Rust », in *Grey Room* no 1, Cambridge, The MIT Press, 2000 (Traduction libre). p.66.

ÉCHELLES :
ENTRE
ARCHITECTURE
ET URBANITÉ

SCALES:
BETWEEN
ARCHITECTURE
AND URBANITY

Emprunter l'autoroute et rester en ville : l'Atelier Big City sur l'autoroute Ville-Marie

Anne Cormier, Université de Montréal

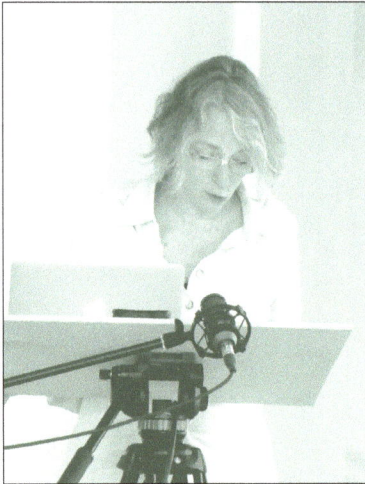

Can the Ville-Marie Expressway be considered a Large Abandoned Urban Structure? At the very least, it is a large urban infrastructure that is difficult to define. Crossing the city from West to East for eight kilometers, six of which are underground, the "autostrade" as it has been named cut a large open trench in the heart of the city during its construction. In this sense, the structure of the city at this site, rather than the highway itself, was abandoned. Divided into sections in the early 1970s, its construction was interrupted in the mid-1980s. The eastern section of the highway remains incomplete.

L'autoroute Ville-Marie peut-elle vraiment être qualifiée de Grande Structure Urbaine Abandonnée ?

Il s'agit sans doute davantage d'une grande infrastructure urbaine difficile à traiter. Traversant la ville d'ouest en est sur 8 km, et sous le niveau du sol sur les six derniers, « l'autostrade », ainsi qu'elle fut d'abord désignée, inscrivit lors de sa construction une large tranchée ouverte au cœur de la ville. Ce serait plutôt la structure de la ville qui a, à cet endroit, alors été abandonnée. Par ailleurs, la construction de l'autoroute, amorcée par tronçons au début des années 1970, fut interrompue au milieu des années 1980. La section Est de cette super autoroute demeure encore inachevée.

Pour rappel, un projet antérieur situant l'autoroute en surélévation entre la ville et le fleuve fut, fort heureusement, abandonné à la faveur d'une étude préparée par Blanche Lemco van Ginkel et Daniel van Ginkel en 1960. Celle-ci proposait plutôt un tracé au nord du Vieux Montréal et en surbaissement près d'où se trouvait autrefois le lit de la rivière Saint-Martin. Si cette contre-proposition sauva de la démolition l'ancien front de fleuve, d'une plus grande valeur que les quartiers qui furent rasés pour la construction de l'autoroute, elle laissa durant de longues années une longue bande d'espaces vides et inanimés entre le nouveau centre-ville et le Vieux-Montréal. Il s'agit sans aucun doute d'un moindre mal.

Depuis sa création en 1987, le collectif auquel j'appartiens, l'Atelier Big City, a conçu une série de neuf projets situés sur l'autoroute Ville-Marie ou tout près d'elle. Le premier de ces projets est une proposition au concours Chaussegros-de-Léry (il s'agit aussi du tout premier projet de notre groupe) et le dernier en date est l'édifice U. Plusieurs de ces projets se sont informés les uns les autres, sans pour autant concourir à la concordance. Ils constituent en quelque sorte, une recherche-création par cumul.

Cette contribution au séminaire annuel du LEAP est clairement autoréférentielle. Elle illustre le rôle joué par une grande infrastructure dans le développement de l'imaginaire de notre collectif. À chaque projet, le contexte urbain est abordé avec un opportunisme non exempt d'une certaine provocation inspirée de l'agitprop. Il ne s'agit jamais de soumettre l'attendu, le convenu, le projet réconfortant, mais plutôt d'explorer des potentiels inexploités à coup d'arguments et de contre-arguments au sein de notre groupe, cela graphiquement et en petites maquettes.

Le rapport de ces projets à l'autoroute était parfois inscrit dans la commande, dans d'autres cas nous avons délibérément choisi le site de l'autoroute pour répondre à une commande ouverte. Ailleurs encore, le rapport à l'autoroute n'en est un que de proximité et c'est notre intérêt pour la transformation de la ville dans le temps qui nous a amenés à réfléchir à l'impact possible de sa présence. Si chacun de ces projets peut permettre d'imaginer l'autoroute Ville-Marie et ses abords autrement, ils ont aussi présenté, pour notre équipe, autant d'occasions de réfléchir à la ville en coupe, à son «centre-ville en 3-D » pour reprendre le titre du fameux article de Peter Blake publié dans *The Architectural Forum* en septembre 1966. L'identité de Montréal est en grande partie inscrite dans sa topographie et la coupe nord-sud, du Mont-Royal au Fleuve, en constitue une représentation clé.

Aucun de nos projets n'endosse l'hypothèse de l'effacement total de l'autoroute, celle de la cicatrisation invisible de ce qui était et qui est toujours considéré comme une plaie

urbaine par les autorités municipales et par l'opinion publique en général. L'autoroute, grande structure sans cesse abandonnée par les véhicules qui l'empruntent pour la fuir en vitesse, a constitué et constitue toujours pour nous l'occasion de travailler sur la différence, sur un nouvel imaginaire de Montréal. Affirmer sans nostalgie : Montréal n'est plus ce qu'elle était. L'espace de l'autoroute a constitué, pour nous, une tranche de liberté où inventer ce qu'elle pourrait devenir.

Proposition au concours Chaussegros-de-Léry (organisé par la Société immobilière du patrimoine architectural de Montréal, SIMPA, 1987.)

Le projet est situé au sud de l'autoroute dans la partie nord-est du Vieux-Montréal, sur un terrain autrefois

traversé par les fortifications conçues par Gaspard-Joseph Chaussegros de Léry au début du 18e siècle. Nous avons développé notre proposition en imaginant une coupure entre le « vieux » et le « nouveau » Montréal. Ainsi, le programme est distribué de part et d'autre du tracé de l'ancien mur de fortification : condos de luxe au sud (le Vieux-Montréal est un quartier chic) et logements abordables au nord (le quartier centre-sud demeure populaire). L'entre-deux est traité comme une ruelle, lieu des possibles dont Montréal recèle, où la représentation urbaine qui est de mise en façade sur rue n'a pas cours. Il ne s'agit donc pas d'une intervention sur l'autoroute elle-même : le projet ne reprend que le motif de la cassure qu'elle représente, que l'on imagine être, en négatif, le double contemporain de la limite que constituait le mur des fortifications

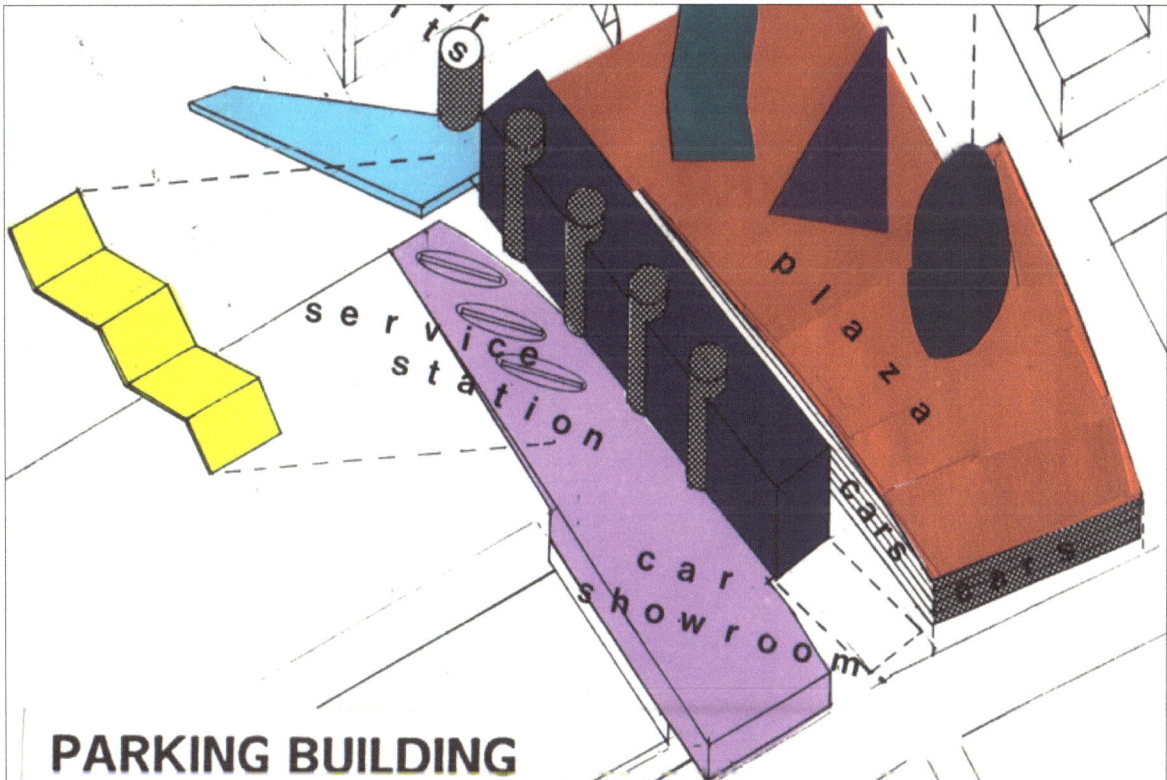

Fig. 1 Place du peuple parking 3000 autos, proposition présentée au concours ARQ (1988). Source : Atelier Big City.

érigé en surplomb de l'ancien lit de la rivière Saint-Martin où gît aujourd'hui l'autoroute.

Lors du concours, tenu à l'ère pré-numérique, le mode de représentation que nous avons adopté pour le rendu (dessins photocopiés sur papier coloré, découpé et collé) a davantage retenu l'attention que le projet en soi.

Place du peuple parking 3000 autos
(proposition présentée au concours ARQ, 1988.)

Nous avons choisi d'inscrire la présence de l'espace public au-dessus de l'autoroute et celle de l'autoroute en créant une place ondulante recouvrant un nouveau stationnement — voitures immobiles sur voitures en mouvement — ainsi que de doter le palais de justice de Montréal d'une nouvelle adresse du côté du centre-ville. L'entrée principale du palais de justice, comme celle de l'hôtel de ville, donne sur la rue Notre-Dame dans le Vieux-Montréal.
Par sa présence, la Place du peuple modifie le statut de la façade arrière de l'édifice, symboliquement, l'accès à la justice s'élargit **[Fig. 1]**.

Pour l'intervention stratégique
(contribution au Mémoire ARQ « Vivre en ville », 1988. Contribution revue et publiée dans la revue SILO, nos 5/6, 1996.)

Lors de la consultation publique sur l'aménagement de l'arrondissement centre de la ville de Montréal de 1988, nous avons répondu à l'invitation lancée par le comité de rédaction de la revue Architecture Québec (ARQ) à contribuer au mémoire « Vivre en ville ». Nous avons ainsi participé aux travaux du « Groupe des treize », formé pour l'occasion, en préparant un contre-projet démontrant le potentiel inexploité du vide laissé par le tracé de l'autoroute, en particulier celui de faire transparaître la nature tridimensionnelle

de la ville, cela, alors que la vision présentée par les autorités municipales allait en sens inverse : le retissage de la ville suivant des gabarits pré-modernes devait en harmoniser les dissonances.

Notre contribution au mémoire a pris la forme d'un projet-manifeste intégrant celui de la *Place du peuple parking 3000 autos*, développé la même année, et programmant l'espace laissé libre par la construction de l'autoroute, de l'actuel Square Victoria jusqu'à son émergence au niveau de la maison Radio-Canada. Le projet-manifeste célèbre la présence du souterrain par la création d'une nouvelle place Ville-Marie (l'actuel square Victoria) – ce qui sera revisité plus tard dans le projet présenté au concours pour la Cité Internationale de Montréal, puis avec l'œuvre conçue pour l'exposition *The Gate of the Present* –, suggère le dynamitage du palais des congrès et, à l'extrémité est, propose la construction d'une série de tours, à proximité de celle de Radio-Canada, qui accentue la présence de l'espace libre au-dessus de l'autoroute et surplombe un espace ouvert consacré aux sports.

Proposition au concours La cité Internationale de Montréal

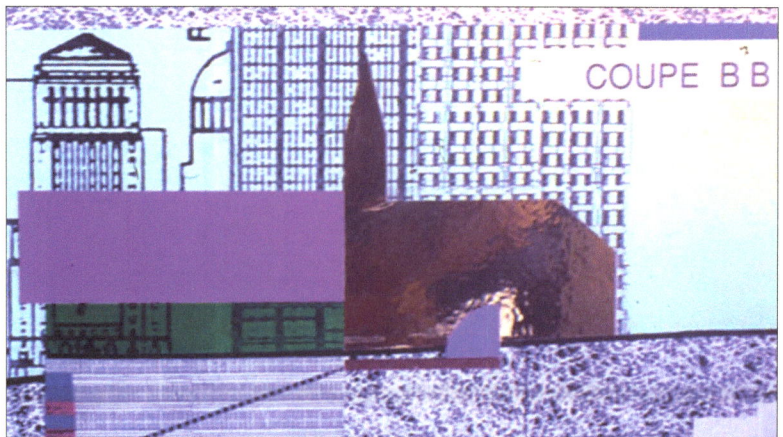

Fig. 2 Proposition au concours La cité Internationale de Montréal, organisé par la Ville de Montréal (1990). Source: Atelier Big City.

(organisé par la Ville de Montréal, 1990.)

Ce concours dont l'épicentre est le Square Victoria est prétexte à une nouvelle itération de nos explorations. Nous avons élargi le territoire proposé pour qu'il englobe l'ancien quartier Paper Hill situé juste au nord et intègre l'implantation d'un système de transport léger sur rail allant bien au-delà du square.

Le projet déposé suggère, entre autres, la transformation du quartier Paper Hill (où nous réaliserons les édifices U2 et U) en une sorte de *casbah* montréalaise ainsi que l'occupation et la connexion des toits des édifices environnants. Une coupe urbaine allant de l'église Saint-Patrick à l'autoroute joue un rôle significatif dans le projet. Elle démontre la position de l'autoroute en relation avec l'important dénivelé au sud du boulevard René-Lévesque. Cette coupe sera en partie reprise dans le développement des projets U2 et U **[Fig. 2]**.

Les mottes (proposition présentée au « concours vert » organisé par le Département de design de l'UQAM, 1991.)

Fig. 3 The Gate of the Present, contribution à l'exposition itinérante organisée par LEGO (1992–1997). Source : Atelier Big City.

Nous avons présenté à ce concours ouvert, au titre à consonance écologique, une planche — sans doute beaucoup trop cryptique — représentant la série de coulées vertes qui apparaissait dans notre proposition au concours pour la Cité Internationale de Montréal. Ces coulées vertes s'infiltrent jusque dans le Faubourg des Récollets. Ce quartier qui deviendra la Citée du multimédia était alors très dégradé et ce geste visait sa régénérescence.

The Gate of the Present (contribution à l'exposition itinérante organisée par LEGO,1992–1997.)

Au début des années 1990, nous avons été invités à représenter le Canada et à créer une œuvre dans le cadre de l'exposition « The Gate of the Present » organisée par la compagnie produisant les célèbres blocs (bien avant la très médiatisée aventure de l'artiste Ai Weiwei avec LEGO). Nous avons alors choisi de travailler de nouveau sur la transformation de l'espace du square Victoria qui n'avait pas encore été réaménagé en imaginant une sorte de grand carrefour urbain étagé, un *hub*. Il s'agissait de notre troisième projet sur ce site. L'œuvre commandée a pris la forme d'une maquette à échelle réduite du projet. Sa réalisation étant assurée par LEGO, nous avons transmis à la compagnie des dessins d'exécution sur papier tramé fourni à cet effet, en y ajoutant quelques détails en 3D **[Fig. 3]**.

La quadruple contrainte des dimensions de l'œuvre, de l'échelle de représentation, du format des blocs et de leurs connexions, nous a imposé un singulier exercice de conception et de transposition : réfléchir au projet urbain du carrefour et le développer tout en tenant compte et en tirant parti de la matérialité et de la capacité structurale des blocs LEGO.

U2 et U (commandes privées pour deux édifices résidentiels luxueux construits en mitoyenneté de part et d'autre de l'immeuble patrimonial Unity, 2003 et 2015.)

Ironiquement, alors que la plupart de nos propositions avaient défendu la présence d'un espace libre suivant le tracé de l'autoroute, les édifices U2 et U n'auraient pas été réalisés sans le développement d'un important ensemble directement au-dessus de l'autoroute Ville-Marie. L'agrandissement du Palais des congrès, la place Riopelle, la Caisse de dépôt et de placements et le réaménagement du square Victoria ont effectivement contribué à la renaissance du quartier Paper Hill situé au nord de l'autoroute.

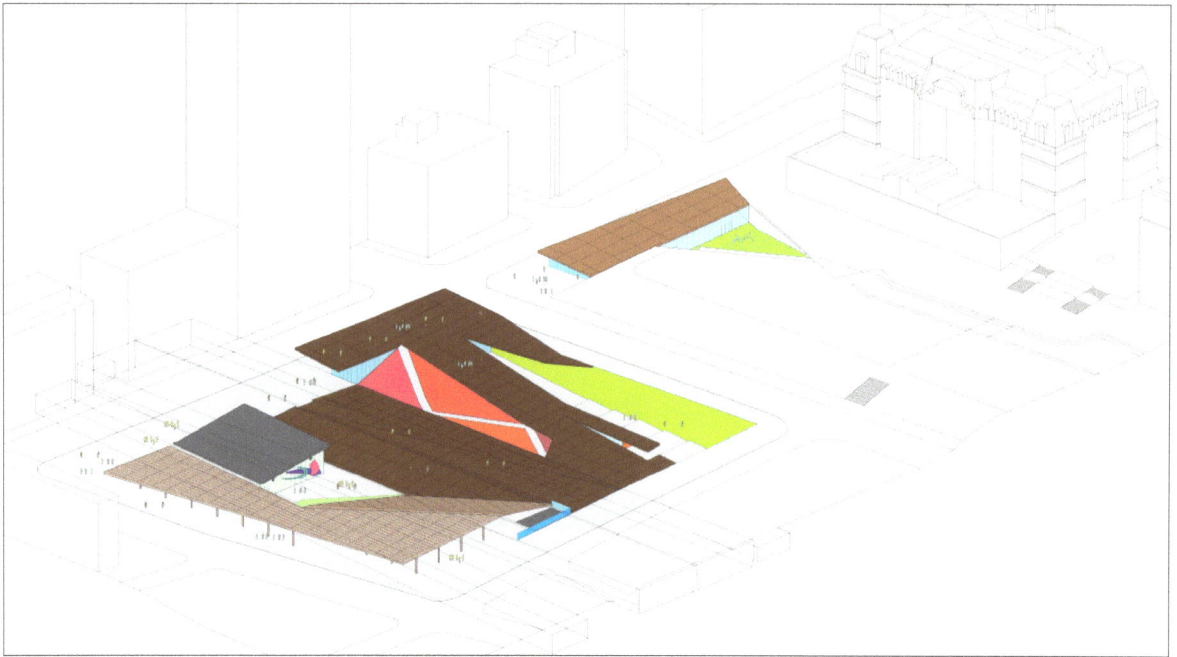

Fig. 4 Place des Automatistes, projet présenté au concours pour l'Aménagement des abords de la station de métro Champ-de-Mars organisé par la Ville de Montréal (2009). Source : Atelier Big City.

Mais alors que nous avions antérieurement projeté une densification semblable à celle d'une *casbah* à cet endroit, c'est la ville debout qu'ont évidemment voulue ériger les promoteurs. Répondant à leur demande, nous nous sommes empressés de l'imaginer.

La densité et l'intensité des plans et coupes des édifices U2 et U incarnent en partie nos intentions pour la cité internationale… à la verticale. Au-delà de l'autoroute souterraine, la ville en 3D se prolonge ainsi hors-sol. Dans l'un et l'autre des projets, l'optimisation de la qualité architecturale et du nombre de mètres carrés habitables force l'intrication complexe, mais contrôlée, des différents espaces. L'édifice U2 construit à l'angle des rues Viger et Saint-Alexandre en 2003, sur une structure préexistante à angles variables, est partiellement séparé de l'immeuble Unity par une large cour intérieure qui dévoile un système de coursives inusité à Montréal. L'édifice U, construit en 2015 face à l'église Saint-Patrick et à son terrain pentu, se dresse et s'ouvre très largement vers le centre-ville. À l'arrière, ses principaux espaces de circulation entourent une cour étroite adossée à l'immeuble Unity qui donne une impression de grande profondeur. Alors que la cour de l'édifice U2 s'ouvre vers le ciel, celle de U pourrait laisser croire que l'édifice s'enfonce dans le sol.

Place des Automatistes (projet présenté au concours pour l'Aménagement des abords de la station de métro Champ-de-Mars organisé par la Ville de Montréal, 2009.)

Sorte d'itération plus sophistiquée — graphiquement du moins — de la traversée de l'autoroute proposée dans *Place du peuple Parking 3000 autos*, notre proposition met en tension deux monuments urbains situés de part et d'autre de l'autoroute. Au sud, on trouve l'hôtel de ville de Montréal, un édifice datant de 1878 dont la façade arrière donne sur le Champ de Mars et le centre-ville, sa façade principale s'adressant au Vieux-Montréal. Au nord se situe l'édicule de la station de métro Champ-de-Mars, petit, mais hautement symbolique. L'édicule, et plus précisément sa verrière réalisée en 1968 par l'artiste appartenant au mouvement automatiste Marcelle Ferron, représentent en quelque sorte une victoire de l'abstraction sur l'art figuratif. Robert Lapalme, le premier directeur artistique du métro, y avait amorcé la création d'un parcours didactique auquel devaient être consacrées les œuvres intégrées à chaque station. La réalisation de la verrière en 1968 donna lieu à un bras de fer qui mena, en 1972, au remplacement de Lapalme par l'artiste Jean-Paul Mousseau, également membre des Automatistes **[Fig. 4]**.

En plus de dénouer l'enchevêtrement des circulations, incluant un désagréable passage piéton menant du métro au Vieux Montréal, la « Place des Automatistes » désenclave la verrière. La série de plans inclinés qui compose la place, de la rue Viger jusqu'aux vestiges des anciennes fortifications, salue l'œuvre de Ferron.

Nous avons maintes fois emprunté le prétexte de la transformation de la grande infrastructure urbaine de l'autoroute et de ses abords pour réfléchir à l'architecture et à la ville. Une fois réalisé, son tracé a longtemps laissé une longue bande urbaine longtemps abandonnée aux potentiels de projets à venir.

L'Atelier Big City et la recherche-création en architecture

Jonathan Lachance, UQÀM

During the LEAP annual seminar, Anne Cormier presented Atelier Big City's projects on the Ville-Marie Expressway from 1987 to 2015. Big City's projects never engage with the expressway directly, but rather with its surroundings and offshoots: marking its borders, covering its trenched sections, and ensuring its harmonious integration with the historic and modern districts it neighbours. For Big City, the downtown expressway environment appears to have its own identity and character, as if the expressway's traffic flow and immediate neighbourhood create a world in itself, as something that can be examined as a whole.

Anne Cormier a présenté les projets réalisés par l'Atelier Big City entre 1987 et 2015 sur l'autoroute Ville-Marie, artère majeure du centre-ville de Montréal planifiée dans les années 1960 et réalisée partiellement entre les années 1970 et 1980.
La communication a d'abord permis de jeter un nouveau regard sur l'autoroute. Elle y apparaissait en effet comme *grande structure urbaine abandonnée* (GSUA) non pas par ses usagers — puisqu'il s'agit encore aujourd'hui de l'une des voies de circulation les plus utilisées à Montréal —, mais par ses clients, qui ont avorté le projet avant sa complétion. La communication a aussi permis de voir comment le travail de Big City sur l'autoroute s'inscrit au sein d'une démarche de recherche-création, chaque projet contribuant « par cumul » à une réflexion plus large des architectes sur l'imaginaire urbain montréalais. La recherche-création étant encore peu connue, il semble approprié de préciser en quoi la proposition de Cormier contribue à la théorisation de cette nouvelle pratique pour le domaine de l'architecture.
Le travail de Big City ne porte jamais directement sur l'autoroute Ville-Marie, mais plutôt sur son entourage et ses ramifications : aménager ses bordures, recouvrir ses portions en tranchée et assurer son intégration harmonieuse aux quartiers historiques et modernes qu'elle côtoie. Pour l'architecte, l'environnement autoroutier du centre-ville semble posséder une identité

et un caractère propre, comme si la voie de circulation et son voisinage immédiat formaient un monde en soi, un objet susceptible d'être étudié et repensé comme un tout. Le sujet de cette réflexion est la ville fonctionnelle héritée des années 1960 à l'égard de quoi les architectes proposent des visions alternatives, certaines d'entre elles visant à « provoquer » et à critiquer l'état actuel du centre-ville par le jeu des contrastes (*casbah*, places publiques, nœud urbain, coulée verte), d'autres cherchant à opérer une médiation entre la voie de circulation et son voisinage immédiat (stationnement, *skate park*). Pour les architectes, la GSUA du centre-ville de Montréal incarne une « urbanité dure » qui peut être adoucie par des interventions architecturales plus humaines et sensibles. Pour guérir la fracture causée par le percement de la voie rapide et contrebalancer l'utilitarisme intransigeant de l'infrastructure, ils proposent de recouvrir l'artère en surface et de créer des aménagements offrant aux citoyens une vie urbaine diversifiée. Ce faisant, Big City tente de transformer la GSUA en un objet à fort potentiel créatif dont l'objectif principal, indirectement lié au domaine de l'architecture, est de changer la relation que les citoyens entretiennent avec leur ville.

Dans les trois dernières décennies, plusieurs chercheurs, professeurs et artistes américains et européens ont parlé de la recherche artistique et ils ont tenté de défendre le travail des artistes auprès des universités et des organismes subventionnaires gouvernementaux qui questionnent leur légitimité. Ils se sont interrogés sur la spécificité de la recherche réalisée par les artistes, sur la pertinence des programmes d'études supérieures en art et en design, et sur les conséquences de la reconnaissance institutionnelle de la validité de la recherche artistique (par rapport aux autres formes de recherche) sur le milieu universitaire d'un côté et sur le milieu de l'art de l'autre. L'un des premiers textes importants sur le sujet est « Research in Art and Design » publié en 1993-94, dans lequel Christopher Frayling du *Royal College of Arts* de Londres identifie trois types de recherche réalisés dans le domaine artistique : la recherche *dans* les arts (*research into art*), la recherche *pour* les arts (*research for art*) et la recherche *à travers* les arts (*research through art*). La proposition de Cormier implique une conception de la recherche architecturale qui est tout à fait cohérente avec ces enjeux actuels de la recherche et de l'éducation dans le domaine des arts. Une brève étude des publications de Big City révèle d'ailleurs que les architectes s'intéressent à ces questions depuis le début de leur carrière. Elle permet également de comprendre que leur interrogation sur les GSUA est la dernière manifestation d'une réflexion de longue date menée par les associés sur la recherche artistique et sur le rôle instrumental du projet individuel dans la construction d'une démarche professionnelle.

L'intérêt de Cormier pour la recherche en histoire de l'art et de l'architecture (*dans* les arts) est évident depuis ses premières publications sur le Centre de commerce mondial (*ARQ*, no 54, 1990), sur Expo 67 (*ARQ*, no 69, 1992) et sur l'Île des Sœurs (*ARQ*, no 71, 1993). Les associés ont également indiqué à plusieurs reprises dans leurs publications qu'ils réalisent des recherches topiques pour chacun de leurs projets individuels (*sur* les arts) et qu'ils collaborent régulièrement avec des spécialistes externes pour accroître leur connaissance des types architecturaux abordés, comme ils l'ont fait dans le cadre des projets de *skate park* et de logements sociaux à Montréal. La recherche *à travers* les arts semble cependant être l'objet de réflexion principal des architectes depuis la fin des années 1980. Déjà en 1989 dans le cinquantième numéro de la revue *ARQ*, Cormier faisait la différence entre l'*amateurisme* qu'elle définit par l'appréciation personnelle à long terme de l'activité de création architecturale, et le *professionnalisme* démontré par l'architecte dans le cadre d'un projet singulier. Plus récemment, dans un article résumant leur contribution aux Jardins des Métis, Randy Cohen affirme qu'« à l'instar des nombreux projets de Big City, il s'agit avant tout d'explorer et d'innover » (*Le Devoir*, 20 mai 2006). La position des associés est encore plus claire dans « Head in the Clouds » (*JAE*, Vol. 59, no 4, mai 2006) où ils affirment : « In our design practice, we try and explore particular interests over the course of several projects. Themes interweave and are interpreted in work ranging from installations to competition entries and actual building propositions. » Dans cet article, les architectes font l'apologie de l'installation, qui est selon eux un bon médium d'expérimentation architecturale sans les contraintes du client et du budget. Il en est de même des concours, car même quand ils ne sont pas gagnés, ils demeurent pour eux l'occasion de développer leur réflexion sur des questions plus larges. Ce potentiel est notamment évident dans les deux concours pour étudiants produits par Cormier et le LEAP, à la fin des années 2000, qui avaient pour objectif de tester l'hypothèse selon laquelle le logement social peut contribuer à la redéfinition des centres-ville canadiens. Pour l'architecte, ces concours s'inscrivent dans une démarche de recherche-création parce qu'au-delà des spécificités de chaque soumission, ils offrent « deux instantanés de la réponse d'étudiants en architecture à la question "que peut être le logement social dans nos villes ?" » (*ARQ*, no 150, 2010).

Cette fois-ci, dans le cadre du séminaire annuel 2016, Cormier a poursuivi sa réflexion sur la recherche *à travers* les arts lorsqu'elle a présenté les projets sur l'autoroute Ville-Marie comme une opportunité de « travailler sur la différence » et de « réfléchir à la ville en coupe ». La discussion sur les GSUA lui a offert l'occasion de repenser ses projets à proximité de l'infrastructure suivant la perspective d'une recherche à long terme sur la ville et la société urbaine. Elle lui a également permis d'approfondir sa réflexion, amorcée il y a près de 30 ans, sur les finalités de sa propre pratique architecturale et sur sa vision du rôle de l'art et des artistes dans la société. C'est de cette façon qu'elle envisage la recherche-création et c'est par l'articulation cohérente de cette conception élargie de la recherche qu'elle contribue au développement des nouvelles approches réflexives en architecture.

Packard Plant, Detroit: Imaginaries of a City within a City

Carmela Cucuzzella, Concordia University

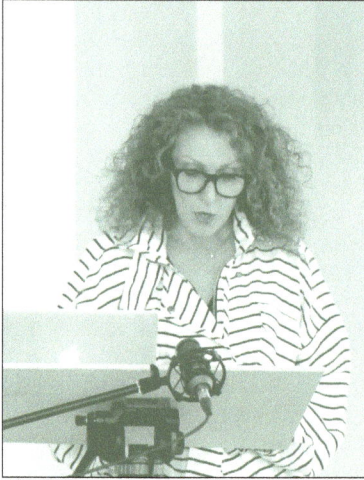

Il y a une fascination récurrente pour les grandes structures urbaines abandonnées, en particulier pour celles englobant des portions entières de ville. L'usine automobile The Packard Plant, à Détroit, constitue en cela un bon exemple : il s'agit de la plus grande usine abandonnée au monde. Or, sommes-nous en mesure d'approcher ces grands bâtiments autrement que dans une optique rationnelle ? En d'autres termes, comment pourrions-nous répondre à la problématique de ces structures complexes en dépassant une vision purement technocratique de l'analyse et de la conception de formes urbaines ?

There is a recurring, at times increasing, fascination for large urban abandoned structures, particularly those that literally encompass whole portions of a city.
The Packard Plant in Detroit is an exemplar as the largest abandoned factory in the world. However, are we capable of dealing with these large buildings other than in a rationalized mode? In other words, beyond technically oriented ways of studying and designing urban forms, how can we deal with these complex structures?

The Packard Plant, designed by Albert Kahn, opened in 1903, with 3.5 million square feet of interior space, across 47 buildings, and employed over 40,000 employees at its peak **[Fig. 1]**. Packard closed in 1956, leaving the factory vacant. It was however never entirely vacant, since a chemical company occupied less than 1% of the factory complex between 1958–2007, ironically occupying the Packard Plant premises longer than Packard itself. But by the 1990s, the building was mostly empty. It went into foreclosure, the site was left abandoned and deteriorating, and became fair prey to vandals and scrappers **[Fig. 2]**. In 2010, when the Packard plant was entirely vacant, Detroit's population was less than 700,000 from a peak of almost 2 million, creating a city of abandoned "everything": neighborhoods, buildings and urban infrastructures. It is perhaps at that time that Packard Plant appeared more clearly as a massive urban scar in a city littered with damage and abandonment. And so the fragility of a place so monumental that is at once, central to the image of Detroit's glorious past as well as a symbol of the harsh reality of its present state makes the international attraction of the Packard Plant inevitable. It represents the most important post-industrial ruin in the world, within a city that itself can be seen as a "great abandoned structure".

If the lack of design competitions can be interpreted as an indicator of a city's inertia or a social and economic crisis[1] then understandably, there have not been many competitions in Detroit before the last decade and only about 20 competitions launched in the past 10 years. Of these, only one has been designed for the Packard Plant, called *Reanimate the Ruins*. This competition was launched the year after Detroit was declared bankrupt in 2014.

Using competitions projects as matrices of urban imaginaries, this present reflection seeks to characterize not only the imaginaries of the Packard in a general context, but more specifically, the projects proposed to the only Packard Plant competition, *Reanimate the Ruins*. In doing this, the conceptual and physical separateness of the Packard Plant will be considered:
1) as an object of fascination alienated from the city;
2) as a city itself within the city; and
3) as a metaphor for "bricolage" within a broken city.

Fig. 1 Packard Plant, Postcard (1904).

Fig. 2 Packard Plant (2014).
Source : photo by Steve Neavling.

Interpreting the Imaginaries of the Packard Plant

When reviewing the briefs of competitions for projects in Detroit of the past decade we see that the rhetoric of the design briefs has kept shifting. The first few competitions addressed the complex urban problems (transport, branding). The next phase sought solutions to the massive devastation left behind by the exodus of people (demolition of 10,000 abandoned homes, rethinking vacant lot strategies, addressing the shrinkage of population), and in recent competitions the focus has been on aspects of rehabilitation, reinvigoration, and reclaiming the city with competitions launched specifically for the renewal of abandoned historic sites.

Let's consider for a moment the 1977 manifesto by Oswald Mathias Ungers together with Rem Koolhaas on Berlin, which metaphorically proposed an "archipelago of architectures" [Fig. 3]. This manifesto elaborates 11 theses developing a model for the city in the city. Specifically, Thesis #4 explains how identifying unsatisfactory areas while preserving and strengthening existing points of vitality, where "these enclaves liberated from the anonymity of the city would in their quality of quasi islands form a green urban archipelago in a natural lagoon"[2].

We can start with this metaphor of the archipelago as a first hypothesis and see if it keeps it relevance in a city like Detroit. In other words, just as architecture has historically created enclaves of control, enclaves of segregation or exclusion, then architecture can also play a significant role in building a new story for a city that accomplishes the contrary of the enclave, that is, the creation of these areas of invigorating activity that are at once separated yet also embedded within the dynamic of the whole city.

In what respect can the metaphor of the archipelago keep its relevance in a city where the "whole" has been profoundly broken?

Imaginaries of the Packard

The "attraction of the ruins"[3] or more colloquially called, "ruin porn"[4] is by far the overarching imaginary for outsiders of Detroit. Yet, when reviewing this abridged history of the Packard Plant, we can list a few divergent imaginaries[5]:
—the inhabitants see the Packard plant as an icon of failure
—designers and artists see it as **an** object of infinite potentialities
—urban explorers as a muse [Fig. 4]
—scrappers see it as a object of recycled physical resources
—promoters see it as a financial opportunity and even exploitation, and
—start-up aficionados call it a perfect innovation ecosystem.

At first glance, these compare to the imaginaries put forth in the Reanimate the Ruins competition, launched in 2014. The title of the competition already suggests an almost fairy tale imaginary of "awakening" the ruins. The competition brief points to the realities of the Packard in eight phases:
1) the decline,
2) the ruins,
3) the scrapping phenomena,
4) the extreme state of survival,
5) the threat,
6) the symbolism of a revolution that began in the early 20th century,
7) the symbolism of the failure today,
8) the great difficulty for the Packard Plant to bounce back.

Perhaps, it is no surprise that the winning entry [Fig. 5] reclaimed the site by including all major components for a functioning city: housing for all demographics, office space, urban farming, recreation, markets, educational facilities, and state amenities, etc. In addition, this proposal sought hard to keep as much of the original form of the Packard Plant, resulting in a large mass of rationalized activity, separated from the

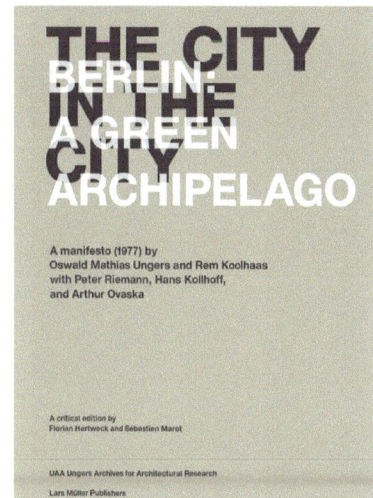

Fig. 3 The City in the City (1977) by Oswald Mathias Ungers and Rem Koolhaas, Basel : Lars Müller Publishers, 2013.

Fig. 4 Packard Plant as urban muse, site for a wedding. Source : photo by Joe Gall.

city, not much different than the current building. It is quite undistinguished in its visual expression. Even if the proposal description used terms such as "open up", "connect", "reinvest", "attract", and "develop", the proposal brings forth an imaginary of a totally planned utopian city, rather than a dynamic intervention that builds into the chaotic nature of Detroit, resulting in an anonymous city sitting within a broken city.

The second place winner **[Fig. 6]**, adopted the analogy of the "engine belt" to imagine a city where the Packard Plant is the focal point of Detroit connecting to a series of giant nodes in the city with differing characteristics. This unifying metaphor disrupts the monumentality of the plant into urban sensitive parcels that relate to the smaller city neighboring blocks and links these parcels into one connective and massive responsive structure. This creates a form of porosity within the city, which contrasts from the current massive plant as it stands alone, abandoned and separated from the city. This belt is essentially a cultural belt dedicated to the automotive history of the city, for both pedestrians and cars. It is worth noting that the second place proposal, just like the winning submission, includes most amenities for an operational city: pubic spaces, offices, entertainment,

residential areas, retail, and interior boulevards connecting both sides of the complex. The difference here is the deliberate explosion of the Packard Plant into the city, since it proposes to cast these major nodes of activities deep into the city all connected to the colossal "engine belt" — resulting in an intervention more monumental than Packard itself.

The third place winner **[Fig. 7]** converts the plant, which once contributed to the destruction of the environment to one that heals it through solutions for purifying community waste, producing food, water and energy in biological processes, and therefore contributes to climate change mitigation. The proposal literally opens up the buildings into a series of courtyards so that the passerby can see the ecological processes. The urban farm and the market are the main economic

Fig. 5 Winning Entry, Team Nadau Lavergne Architectures. Source : http://parallelprojections.com/rtr-results

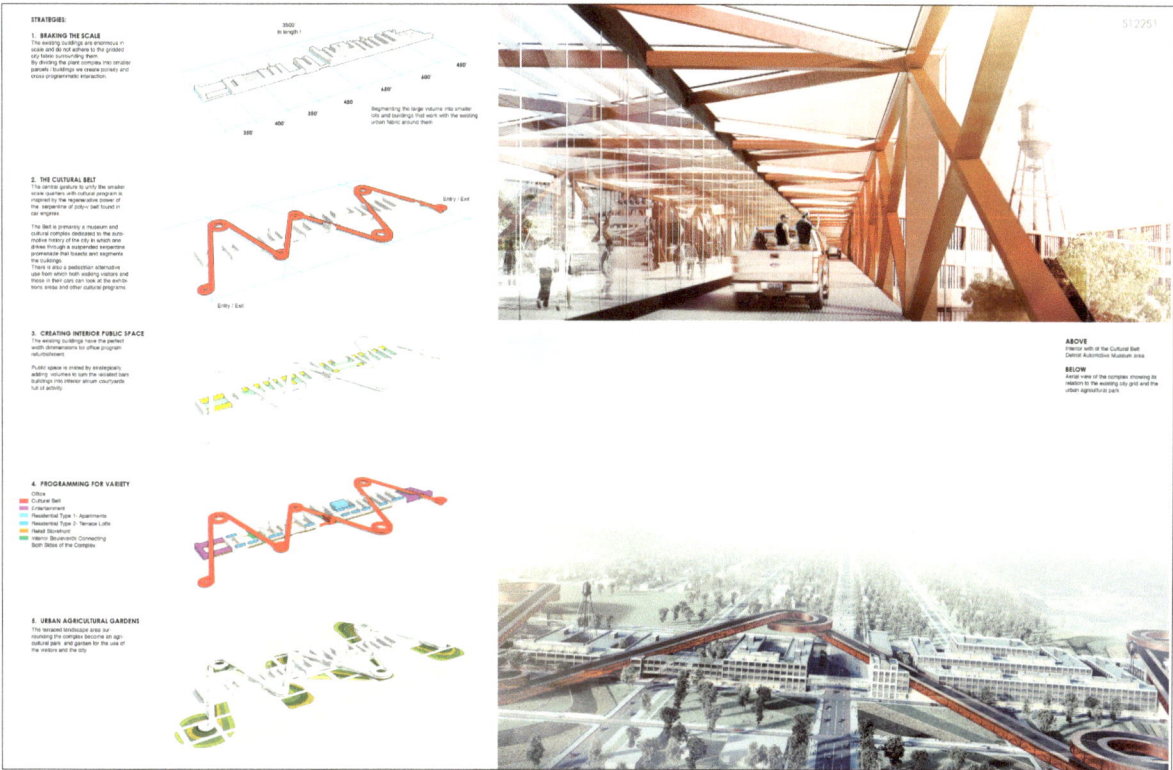

Fig. 6 Second place winner, Javier Galindo, Architect. Source: http://parallelprojections.com/rtr-results

contributors. The key idea in this proposal is that it recycles the existing ruins of great historic importance, while making them home to new activities of great importance for the future, resulting in an imaginary that valorizes the history of the site while looking forward to a perfectly rationalized engaged green community utopia. It is difficult not to see an oxymoron in this imaginary.

What can we extrapolate from this selective set of submissions? As a strategic node only 4 miles away from the downtown and waterfront of Detroit, covering over 35 acres, the Packard Plant site already embodies the notion of an island of "structural debris" within Detroit — a city that can also be seen as a collection of islands of wreckage and to a much smaller extent, of renewal [Fig. 8].

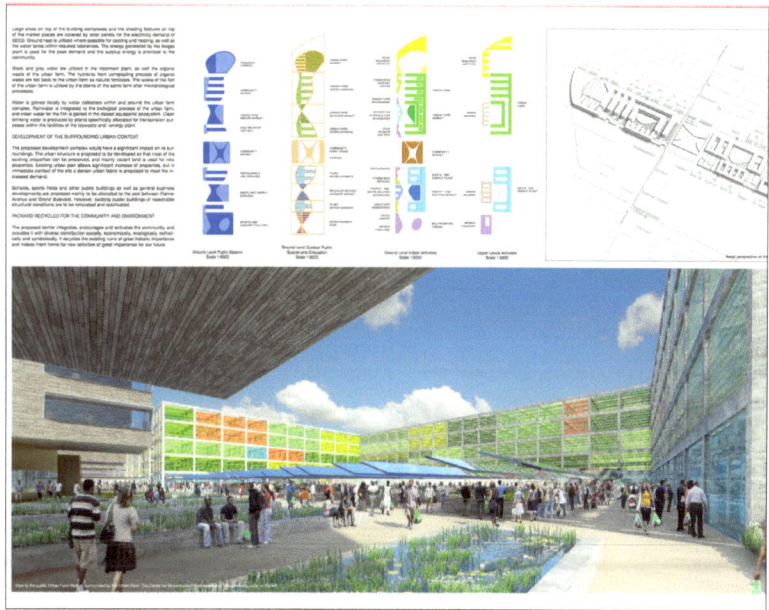

Fig. 7 Third place winner, Toni Yli-Suvanto, Architect.
Source : http://parallelprojections.com/rtr-results

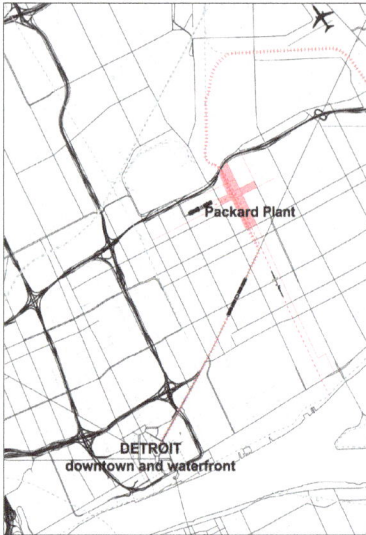

Fig. 8 Packard Plant's context in Detroit with respect to the downtown and waterfront.

It is quite foreseeable that a design competition focusing on a site covering over 35 acres, launched on the year after the city was officially declared bankrupt, would be imagined through the lens of a city within a city. Ungers' and Koolhaas' manifesto intended to help revitalize fragmented cities that have been hit with massive depopulation and abandonment. The notion of the archipelago by Ungers and Koolhaas still functions quite well when reimaging (parts of) a city in demise to the extent that the distinctiveness, autonomy, and dynamism of parts can be maintained, highlighted, or even created. But how far can this metaphor be taken?

Indeed many competition submissions included most major components of an operational metropolitan city, but consolidated these into an enclosed schema, as a way to rationalize the chaos and complexity of a city into a set of well-defined architectural interventions proposed for a single site — as a way to classify and organize an assembly of utopian fragments. It is hard to imagine how the proposals for

Packard Plant can become a renewed hub of activity unless the political and social dimensions of the community meet the formal qualities proposed in the project. Can the projects provoke a shift in ideological vision, specifically in a place that will continue to be surrounded by poverty and vast abandonment — key reminders of a difficult social and economic past?

Indeed, as Colin Rowe and Fred Koetter put it so well in their Collage City Studies, fully published in 1978, but manuscript in circulation from 1973: "Why should we be obliged to prefer a nostalgia for the future to that for the past… Could not this ideal city … behave, quite explicitly, as both a theatre of prophecy and a theatre of memory?"[6]

In other words, are these proposals pointing to an imaginary that provokes a loss of citizen individualization or are there opportunities in these projects corresponding to differing desires for the native Detroit wanderer? The projects — essentially new urban cores act as a unifying principle for the city. Yet, on the most part, these project proposals can be submitted to any other city that needs ideas for a large vacant lot since they are essentially anonymous in spirit, globalizing and self-sufficient. Will these types of ideas proposals result in disconnected and isolated entities from the surrounding spaces (an enclave) or new interdependent urban cores (an archipelago)? There seems to be a plausible risk that some of these utopian projects, imagining "a city within a city", can become anonymous gated communities and therefore counter-productive to the grand objectives of the city. This is perhaps where the archipelago city falls into a major contradiction.

Indeed, this metaphor has become a sad reality in the United States — with

islands of activity spread all across the country cut off from any urban core — where these islands of activity lack access to public transit, remain car focused, lack vibrant downtown cores, and are extremely low density. This metaphor in a European context has been appropriated for the American context resulting in a suburban reality across America. Are these archipelagos or are they enclaves? The context in Detroit's Packard Plant is similar to most American cities, with its lack of public transport system, low economic activity, extremely low-density living and its disconnectedness from the downtown core that is only 4 miles away.

Did this metaphor provide the seed of what has today been termed New Urbanism or the paradigm universal urbanism? Rather than adhering to the universal urban management approach hinted in the manifesto of the archipelago by Ungers and Koolhaas, we need to consider a critique of such contemporary theories of urban design and planning by Rowe and Koetter

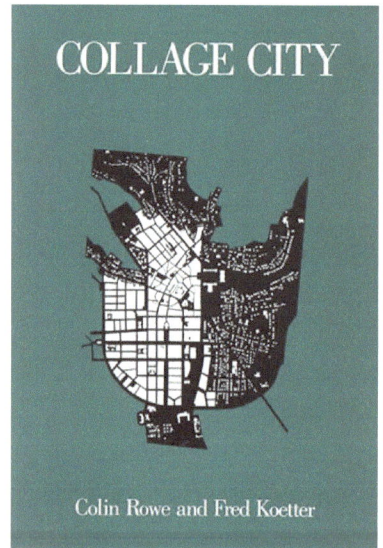

Fig. 9 *Collage City* (1978) by Colin Rowe and Fred Koetter (manuscript in circulation from 1973), Cambridge : The MIT Press, 1984.

[Fig. 9]. They propose replacing the idea of 'total planning', which is at the core of the archipelago, with a useful dialectic that permanently maintains a debate of opposite ideals for imagining the comprehensive city.

In Collage City, Rowe and Koetter are more nuanced in their approach to the development and design of the city. Instead of thinking about *the ideal city*, they seek to reorient these ideas of a single vision of utopia to a more multi-valued view of the city and its form. The rationalization of universal planning methods so prevalent at the time, which continue today, cannot accommodate the many shades of miniature utopias. They refer to the "bricoleur" as elaborated by Levi-Strauss in *The Savage Mind* (1966). The importance of the metaphor of the bricoleur is that it helps architects question the "domesticated mind" of the scientist with its presumptions and serial logic. Yet, as the authors point out, the bricoleur alone, with its analogical leaps, would result in ad hoc cities, townscape pastiche, populism, etc. As Rowe and Koetter claim, either of these two modes of designing and planning — the bricoleur or the scientist — when envisaged as practical possibilities for dealing with of either tradition or utopia, are the caricatures of contrary ideals. Rather, they advocate to re-establish the bricoleur with the scientist mind.

Moving away from the archipelago, it is perhaps more appropriate to convoke a quote from a major contemporary manifesto by Rowe and Koetter in their 1978 book *the Collage City*:

"Thus, for all its coercions, the utopian city of the abstractive intellect still remains respectable, while the far more benevolent metropolis of loosely organized sympathies and enthusiasm continues to appear illegitimate. (...) Utopia as a metaphor and Collage City as a prescription: these opposites, involving the guarantees of both law and freedom, should surely constitute the dialectic of the future, rather than any total surrender either to scientific 'certainties' or the simple vagaries of the ad hoc."[7]

Notes

[1] Chupin, Jean-Pierre, Carmela Cucuzzella, and Bechara Helal, eds. 2015. Architecture Competitions and the Production of Culture, Quality and Knowledge: An International Inquiry: Potential Architecture Books.

[2] Ungers, Oswald Mathias, and Rem Koolhaas, 1977, *The City in the City. Berlin: A Green Archipelago*. With Peter Riemann, Hans Kollhoff and Arthur Ovaska. A critical edition by Florian Hertweck and Sébastien Marot, Zurich, Switzerland: Lars Muller Publishers

[3] Edensor, Tim, 2014, The Multi-sensual Image and the Archaeological Gaze. Comment on Pétursdóttir, Þóra, and Bjørnar Olsen, « Imaging Decay: The Aesthetics of Ruin Photography. » Journal of Contemporary Archaeology 1(1): 7–56. & Mullins, Paul, 2014 Imagining Ruin Images: The Aesthetics of Ruination. Comment on Pétursdóttir, Þóra, and Bjørnar Olsen, « Imaging Decay: The Aesthetics of Ruin Photography. » Journal of Contemporary Archaeology 1(1): 7–56.

[4] Refer to articles on The Guardian: http://www.theguardian.com/housing-network/2016/feb/15/ruin-porn-detroit-photography-city-homes; and New York Times: http://www.nytimes.com/2012/11/11/magazine/how-detroit-became-the-world-capital-of-staring-at-abandoned-old-buildings.html?_r=0

[5] Nemeth, Katharine, 2013 "*Ruin Porn" or the Reality of Ruin?: A Rhetorical Analysis of Andrew Moore's Detroit Disassembled*. M.A. thesis, University of Cincinnati. Retrieved from https://etd.ohiolink.edu/ & Slager, Emily, 2013, *Touring Detroit: Ruins, Representation, and Redevelopment*. M.A. thesis, University of Oregon, Eugene. URL: https://scholarsbank.uoregon.edu/xmlui/bitstream/handle/1794/13312/Slager_oregon_0171N_10746.pdf?sequence=1

[6] Rowe, Colin, and Fred Koetter, 1978, *Collage City*, MIT Press

[7] Rowe, Colin, and Fred Koetter, 1978, *Collage City*, MIT Press

Incidences théoriques à partir de l'expérience, « Berlin : un archipel vert », 1977

Pierre Boudon, Université de Montréal

Our study will center on the large urban structure in escheat that Berlin represented from the 1960s to the 1980s, with the understanding that this urban entity was waning compared to its former state as capital of the German Empire before the Second World War.

In this way, the following reflection will discuss the binaries of Nature vs. Culture, Order vs. Disorder, and Heroic Project vs Dissipative Project that "model" all forms of contemporary urban planning.

Notre étude va porter sur la « grande structure » urbaine en déshérence que représentait Berlin dans les années 1960-1980.

Cette entité urbaine était en décroissance par rapport à ce qu'elle avait été avant la Seconde Guerre mondiale comme capitale de l'Empire germanique (dû au partage politique Est-Ouest, à la création du Mur de Berlin, à son insularité par rapport au reste de l'Allemagne de l'Ouest).

En ce sens, notre exemple va porter sur les grandes articulations que forment les couples Nature vs Culture, Ordre vs Désordre et Projet Héroïque vs Projet Dissipatif qui « modèlent » toute forme d'aménagement contemporain de la ville. Par « projet héroïque », nous nous référons à la grande figure narrative de l'architecte en tant que représentation volontaire d'une idée de la forme urbaine (que ce soit Hausmann, Wagner ou Le Corbusier), alors que le « projet dissipatif » (notion issue des travaux de Prigogine en physique-chimie) serait au contraire la forme en contexte, multiple et/ou collective, qui se modifie en permanence par négociations de cette interface entre forme et contexte. A la notion de « directivité transformative » (à vocation globale) s'oppose ainsi celle d'« adaptation évolutive » (ou de feed back négatif et positif à caractère local). Ainsi, cette dernière opposition gouverne celle entre un Ordre et un Désordre (constructifs).

À cette occasion, deux écoles de pensée architecturale se sont affrontées historiquement : l'école dite de la « réparation » urbaine, avec notamment J. P. Kleihues, qui conservait la forme traditionnelle de l'agglomération berlinoise et, à l'opposé, l'école de la cité-archipel avec O. M. Ungers et R. Koolhaas[1].

Définition typologique de la notion de « cité-archipel »

Revenons à notre thème ; afin de situer cette problématique de la notion de « cité-archipel », nous allons la définir typologiquement dans le cadre des différents plans d'occupation des sols élaborés au cours du XXe siècle. Nous définirons ainsi un mode d'occupation urbaine, partagé au départ par le rapport d'opposition Nature vs Culture, traduit en termes de surfaces édifiées et non-édifiées.

a. Nous avons ainsi, avec Otto Wagner[2], la notion de Grosstadt, 1911, dont le principe de base est la formation d'une nappe continue, récursive et dense, indéfinie (sans frontière assignée) de la surface urbaine. Dans le couple initial Nature vs Culture, il y a élimination du premier terme, donc du couple même **[Fig. 1 et Fig. 2]**.

b. Nous avons en second lieu la Cité-jardin d'Ebenezer Howard et Raymond Unwin, 1898, laquelle correspond à une décentralisation urbaine des quartiers périphériques en cités-jardins autonomes reliées au centre historique

Fig. 1 Vue d'avion du plan d'extension pour Vienne proposé par Otto Wagner (1911). Source: Mallgrave, Henry Francis, 1993, *Otto Wagner: Reflections on the Raiment of Modernity*, Santa Monica, États-Unis, The Getty Center for the History of Art and the Humanities, p. 102.

Fig. 2 Plan d'extension pour Vienne proposé par Otto Wagner (1911). Source : Mallgrave, Henry Francis, 1993, *Otto Wagner : Reflections on the Raiment of Modernity*, Santa Monica, États-Unis, The Getty Center for the History of Art and the Humanities, p.92.

par voies ferrées. Cette décentralisation permet d'introduire ce rapport Nature vs Culture sous la forme de couronnes alternées entre zones édifiées et zones agricoles et/ou sauvages. En ce sens, la cité-jardin s'oppose aux grandes surfaces d'extension de lotissements des banlieues courantes.

c. Par différence, nous avons en troisième lieu la notion de Master-plan (plan d'Hilberseimer pour Berlin, 1928 — plan de St Dié de Le Corbusier, 1946 — plan de Kahn pour Philadelphie, 1956-63,) qui conserve de la Grosstadt la notion de globalité de son plan d'ensemble (trame viaire) et qui peut introduire des discontinuités locales permettant d'insérer entre ses mailles des zones naturelles (grands parcs, zones vertes indéfinies).

d. En quatrième lieu — et comme leur aboutissement — nous avons la notion de Cité-archipel (que Florian Hertweck fait remonter au plan d'occupation régionale d'Hermann Jansen pour Berlin en 1910) en tant que discontinuité de la zone urbaine, distribuée en plusieurs communautés fédérées (cf. les « îles » urbaines qui ne sont pas des cités-dortoirs, mais des entités urbaines séparées par des « coulées » vertes) et dont un des premiers exemples est le plan d'ensemble du Grand Helsinki (1918) dû à Eliel Saarinen[3] **[Fig. 3 et Fig. 4]**.

Nous n'avons plus à proprement parler une architecture de la ville, mais une architecture du territoire qui compose avec la morphologie d'un relief géographique « déjà là » : côtes et/ou rives d'un fleuve ou d'un lac, zones boisées, reliefs accidentés, surfaces agricoles maintenues, etc. La notion de cité-archipel « réalise » véritablement le rapport Nature vs Culture en le dynamisant, soit en « activant » leur couplage par leur accentuation réciproque et non en le diminuant ou le compromettant, mais en l'intensifiant.

Disposition générale des quatre formes d'implantation urbaine sous la forme synchronique d'un entrecroisement

En étendant le projet urbain hors de la « ville », entendue au sens classique (disons néo-schinkelienne), on confirme l'hypothèse du territoire comme configuration architectonique, comme culture des implantations diverses et, si l'on veut, dans un sens général, comme paysage rationnel révélateur d'une loi sous-jacente. Ce sont les formes de la terre qui donnent toujours la signification première à l'architecture et à la morphologie urbaine, mais on constate en même temps le caractère formel propre à chacune des interventions qui, dans le même temps, ont construit le territoire. Nous avons affaire ainsi à une « ville-paysage » (Landschaftstadt) et c'est le thème qui,

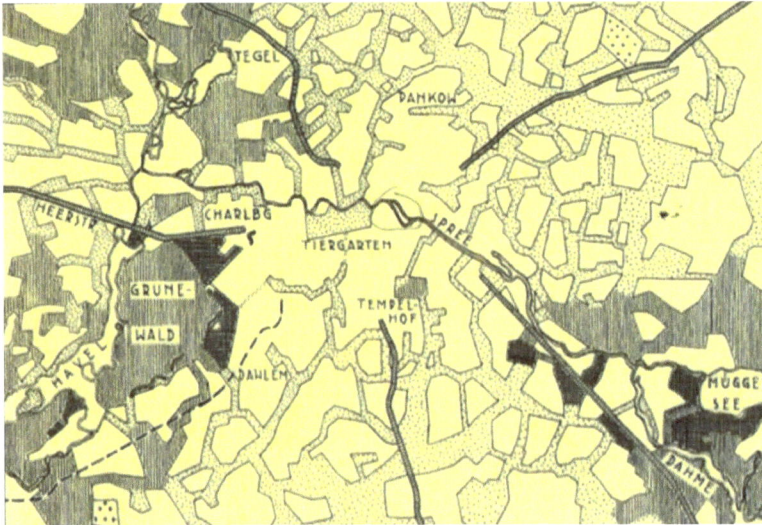

Fig. 3 Projet d'Hermann Jansen pour le Grand Berlin, plan pour les espaces verts, (1909-1910). Source : Ungers, O. Mathias, and Rem koolhaas, 1977, The City in the City. Berlin : A Green Archipelago. Avec Peter Riemann, Hans Kolhoff et Arthur Ovaska. Une édition critique de Florian Hertweck et Sébastien Marot, 2013, Zurich, Switzerland : Lars Müller Publishers, p.61.

historiquement, rattache la cité-archipel à celui du jardin paysager développé au XVIIIe siècle (soit, dans le cadre de Berlin, le rapport entre la ville classique et le site de la Havel à l'Ouest, et notamment, le parc de Glienicke auquel O. M. Ungers fera toujours référence). Le tableau des différentes configurations typologiques d'implantation régionale est présenté à la **Figure 5**.

Diagramme configuratif de la cité-archipel

Je vais maintenant approfondir la notion de cité-archipel en en donnant un diagramme configuratif, c'est-à-dire, abstrait de toute forme réaliste d'implantation. Nous avons ainsi une schématisation générique qui permet d'exprimer les principales caractéristiques de ce type de formation **[Fig. 6]**.

Au départ, nous avons un certain nombre d'îles urbaines séparées et reliées (cf. la cité-archipel en tant que fédération constitutive d'une certaine

entité non unitaire), identifiables les unes par rapport aux autres en termes d'étendue et de types typologiques, comme l'ont été historiquement les

différentes formes d'établissement des divers quartiers de Berlin — ces îles étant subdivisibles en îlots.

Le diagramme configuratif qui permet d'organiser la notion de cité-archipel dans laquelle les éléments sont déliés les uns des autres est présenté à la **Figure 7**. Soit une répartition générale des différentes îles urbaines engendrant un entre-deux ouvert qu'on peut appeler un interstice général qui fait le lien, en tant que surface géographique, entre ces îles, formées de surfaces agricoles, forestières ou morphologiquement accidentées (côtes, ravins, monts, marais), ou simplement « zones en friche », en déshérence, soit autant de zones non aedificandi… Pour ceux qui connaissent ma théorie des lieux, cet interstice ouvert, vacant, n'a rien à voir avec un bord qui sépare les deux régions, interne et externe, bord défini comme frontière épaisse linéaire et/ou zonale, constitutive du lieu en tant qu'habiter générique. Comme l'errance par rapport au mouvement trajectif,

Fig. 4 Modèle de décentralisation du Grand Helsinki par Saarinen (1918). Source : Archives d'Architecture Moderne (AAM), 1975, Bruxelles

nous avons affaire à une zone indéfinie, libre de toute affectation précise. Cet interstice est sillonné par différentes voies rapides (voies ferrées, régionales ou nationales, freeways, etc.) qui se distribuent entre les différentes îles ou qui traversent le territoire pour le relier à son extérieur.

Enfin, on peut ajouter que la cité-archipel est délimitée dans son ensemble par une frontière virtuelle qui la constitue en tant qu'entité générale (cf. son horizon), évitant une éventuelle dispersion des îles urbaines, ce qui la distingue également des banlieues uniformément étalées autour d'un centre historique, amorphes les unes par rapport aux autres. La notion de «cœur», issue de la théorie iocologique sur laquelle je m'appuie pour définir cette schématisation, exprime une centralité (comme dans le cas de la frontière externe territoriale, il s'agit d'une limite extrémale ; dans le cas de Berlin, le cas historique peut être offert par l'«île des musées» qui représente un centre fondateur). Le thème de la «ville dans la ville» constitue également une forme de microcosme de l'ensemble.

Morphologie des îlots

La densité d'habitat définit l'échelle principale d'un mode d'occupation au sein de chaque îlot. Ainsi, la cité-jardin représente la densité minimale puisque nous avons affaire à un pavillonnaire en série, articulé sur les «closes» qui constituent autant de zones semi-privées/semi-publiques ; au-dessous de cet ordre, nous avons le lotissement amorphe des banlieues dans lequel un pavillonnaire morcelé (et donc, désagrégé) ne représente plus qu'un alignement le long des voies d'accès. Nous avons vraiment affaire au «degré zéro» d'un mode d'occupation dans lequel l'«unité de voisinage» (espace de différenciation) est aboli.

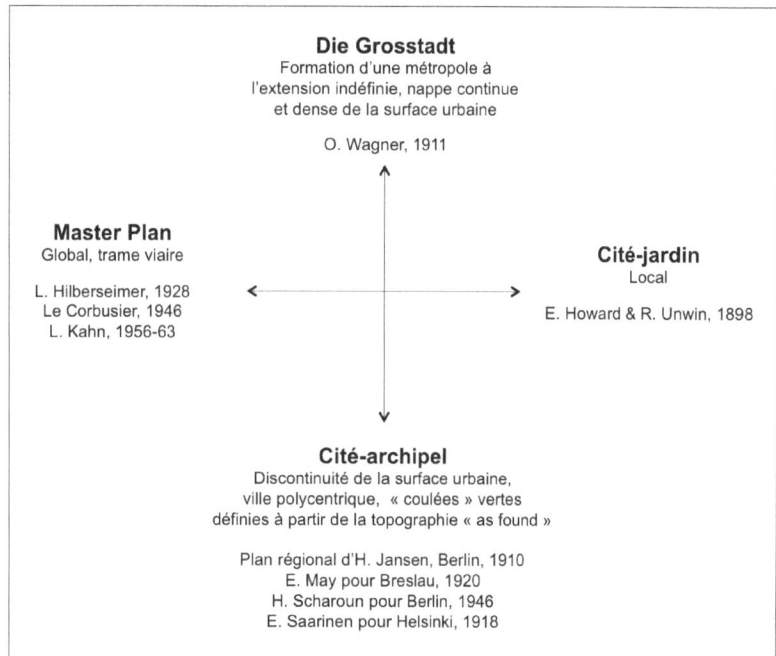

Fig. 5 Tableau des différentes configurations typologiques d'implantation régionale. Source : Pierre Boudon.

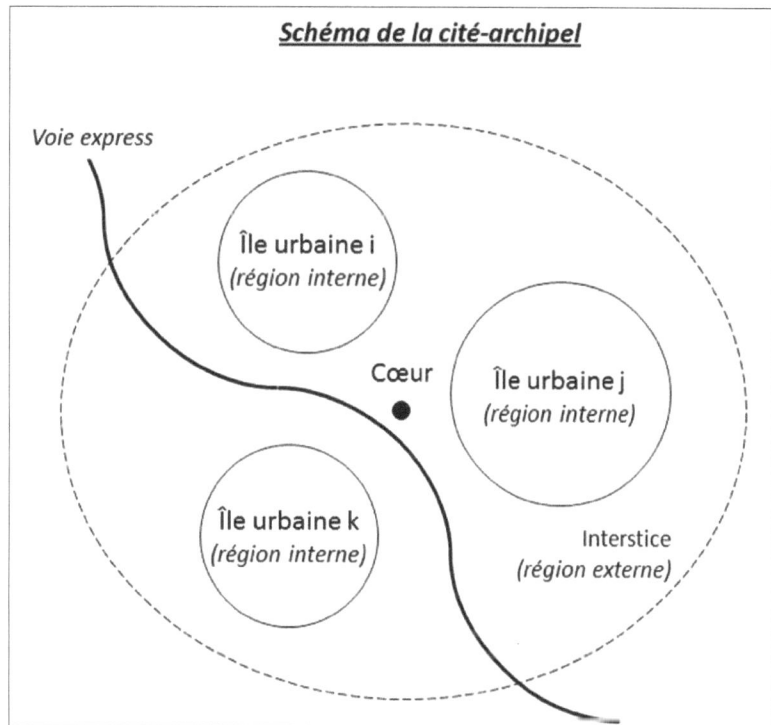

Fig. 6 Schéma de la cite-archipel. Source : Pierre Boudon.

À l'opposé, la densité maximale peut être représentée par le gabarit haussmannien (qu'on retrouve dans celui de la Grosstadt) qui remplit au maximum l'espace de la cité quadrillé par le réseau des rues et des avenues entre lesquelles on peut situer des parcs urbains, des squares. L'îlot peut bien sûr se réduire à un grand immeuble en hauteur, isolé en pleine nature (cas de la « cité radieuse » de Le Corbusier, laquelle forme un îlot vertical rassemblant une multiplicité de services locaux). Inutile d'ajouter que tout « tissu urbain » est aboli, résorbé dans l'unité architecturale de ce type immeuble.

C'est ici que nous devons inscrire également le thème de la « ville dans la ville » lequel fut abordé différemment par L. Krier et M. O. Ungers **[Fig. 8]**. Ce thème correspond très précisément à ce qu'on appelle en logique un auto-enchâssement dans lequel l'organisation générale de la ville se retrouve morphologiquement dans ses différentes parties, définissant par exemple la notion de « centres urbains » en tant que microcosme d'un macrocosme, soit une concentration plus forte caractérisant des sous-centres par rapport à leurs aires périphériques. On aura ainsi une densité locale comparable à la notion de quartier dans la ville traditionnelle (structure totalement étrangère à la notion de cité-jardin « centrée » sur ses parcs et « ouverte » sur la campagne environnante).

Autre critère propre à l'îlot : la diversité typologique qui s'oppose à l'uniformité de certaines formes préfabriquées, comme dans le cas d'un pavillonnaire industrialisé ou celui des « barres » et des « tours » d'habitation des grands ensembles français. Il s'agit d'une diversité typologique, à la fois, entre les îles comme lorsqu'on mentionnait qu'à Berlin on pouvait passer d'un mode d'établissement historique (Friedrichstadt, Charlottenburg, Siemenstadt, etc.) à un autre tout à fait différent — et comparable en cela à autant de « villages » parsemant la campagne — ou au sein de chaque îlot. C'est ici qu'on peut resituer la problématique des « immeubles-villas »

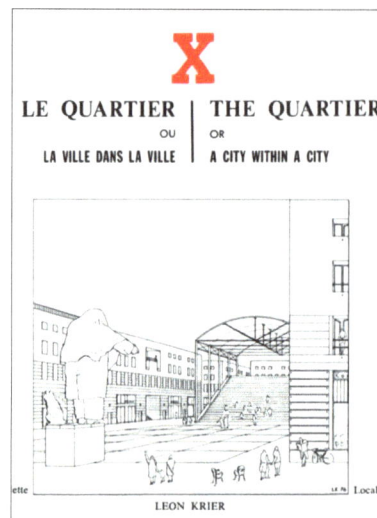

Fig. 8 Le thème de la « la ville dans la ville », ici développé par Léon Kier.
Source : AAM, 1975, Bruxelles

formulée par Ungers lesquels furent à l'origine de sa grille typologique de nature combinatoire. L'envers de cette diversité peut être alors une forme d'éclectisme où différents styles se côtoient (cas des banlieues traditionnelles où différents « styles » régionaux, basque, savoyard, normand, etc., se retrouvent côte à côte). On dira ainsi que cette diversité typologique, pour être nourrie, puise dans un « régionalisme critique » qui en constitue la réserve de formes idiosyncrasiques (le « pittoresque » relèverait de cet ordre).

Dernier critère : ce qu'on pourrait appeler une répartition des vides et des pleins à l'échelle régionale, des zones *aedificandi* et des zones *non aedificandi* (lesquelles représentent des zones agricoles et/ou maraichères, des zones vacantes et des zones sauvages). La question est bien sûr de savoir où l'on doit situer les surfaces d'accessibilité aux zones d'habitation (voies routières, parkings, voies ferrées) lesquelles ont pris une place démesurée en Amérique du Nord.

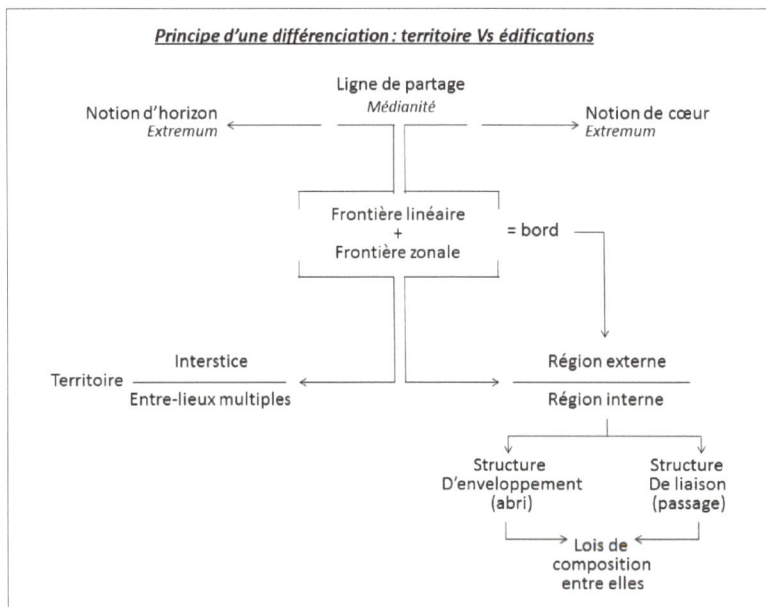

Fig. 7 Principe d'une différenciation : territoire Vs édifications. Source : Pierre Boudon.

Notes

[1] Mallgrave, Henry Francis, 1993, *Otto Wagner : Reflections on the Raiment of Modernity*, Santa Monica, Etats-Unis, The Getty Center for the History of Art and the Humanities

[2] Ungers, Oswald Mathias, and Rem Koolhaas, 1977, *The City in the City. Berlin: A Green Archipelago*. With Peter Riemann, Hans Kollhoff and Arthur Ovaska. Une édition commentée de Florian Hertweck et Sébastien Marot, Zurich, Switzerland, Lars Muller Publishers

[3] Sur la base de documents extraits des archives de AAM-Archives d'Architecture Moderne : http://aam.be/fr/

The Abandoned Freeway

Marie-Saskia Monsaingeon, Université de Montréal

The first limited-access roadway was developed at the beginning of the twentieth century in Long Island, New York.
Shortly after, Berlin, Milan and the rest of the world started implementing freeways across major car-dominated cities.[1] Freeways were built to maximize flow. They promise to take you from one place to the other as quickly as possible. Stripped of intersections and traffic signals, they've become symbols of modernity, mobility, growth and freedom. Yet, freeways don't have that good of a reputation. Besides being associated with heavy traffic congestion, they are considered stressful, monotonous and dull. In fact, our very own Professor Anne Cormier describes them as "[…] large urban structures consistently abandoned by vehicles that take them only to pull away as quickly as possible".

Autoroute is the Quebec French word for freeway. In Quebec, freeways work just like the Interstate Highway System in the United States. The Autoroute 440 is located in Quebec City and was built in 1962. It is 7.8 mi long and is comprised of the Autoroute Charest and the Autoroute Dufferin-Montmorency.

In 2008, the CCNQ — the *Commission de la capitale nationale du Québec* — launched a multidisciplinary project competition called *Paysages suspendus*. With a budget of $725,000, it asked for a permanent facility that would ennoble the existing freeway and enhance the experience of the road users.

To ennoble — according to the Oxford Dictionary — is to "lend greater dignity or nobility of character to". Is it feasible to lend greater nobility of character to an existing freeway?

Besides, presuming that "to enhance the experience of the road users" means "to entertain the road users", is it reasonable to ask that freeways be both convenient and entertaining? That is, should freeways be given the additional task of entertaining?

Nevertheless, twenty-one proposals were submitted. The winning proposal suggested to lay large concrete bubbles — about 3 m in diameter — along the Autoroute 440 and was called an *oeuvre* in the jury report. Côté Leahy Cardas, architectes and SNC-Lavalin's concept answered the competition question by offering an intriguing experience to road users but their proposal faced considerable controversy.

It seems that the competition, referred to, in an article published in *La Presse*, as an art competition,[2] was purely about aesthetics. I believe no proposal could have lent greater nobility of character to the freeway because no work of art — no matter how big, dazzling or brilliant — could do that. Neither a one million dollar nor a ten million dollar work of art can purport to ennoble a freeway. The freeway and the work of art are doomed

La première voie à accès limité a été développée au début du XXᵉ siècle à Long Island. Peu de temps après, d'abord à Berlin puis à Milan, les grandes villes ont commencé à construire des autoroutes sur les principaux axes routiers pour maximiser la fluidité. Dépouillées d'intersections et de feux de circulation, les autoroutes sont devenues des symboles de la modernité, de la mobilité, de la croissance voire de la liberté. Outre le fait qu'elles soient souvent associées à un trafic important, elles sont considérées comme des lieux de stress, monotones et ternes. Pour la professeure Anne Cormier, ce sont de « (…) grandes structures sans cesse abandonnées par les véhicules qui l'empruntent pour la fuir en vitesse ».

to remain two separate things. The work of art might, to some extent, beautify the city as a whole, but the freeway itself remains what it is. The work of art might have been thought out in relation to the freeway, but the freeway was not thought out in relation to the work of art, and this is where the problem lies.

In any case, the CCNQ was willing to spend nearly one million dollars to entertain car drivers and keep boredom at bay during commutes to work by selecting perhaps the one project that most failed to keep in mind the crucial issue of sustainable development.

As it turns out, the winning proposal was never built. Quality standards could not meet the allocated budget and technical problems as well as concerns about ensuring its sustainability arose. Yet, according to the architect—who appealed this decision—this outcome had little to do with technical or budgetary reasons but rather with a fear of criticism.[3] Whatever the reason, nothing was built.

In a way, the CCNQ abandoned the Autoroute 440. Nothing was built or done to embellish the infrastructure or to enhance the experience of the road users. Nothing was built because, although there was a winning proposal — and one that did answer the competition question — there was no good enough answer to this competition question. What proposal could have lived up to such high expectations?

While competitions make it possible to generate ideas and bring about change, in this case, what started off as a project competition ended as an ideas competition. But thanks to the invaluable work done at the Chaire de recherche sur les concours et les pratiques contemporaines en architecture (CRC),[4] the twenty-one proposals will be kept alive. Indeed, in 2010, they were published in the Canadian Competitions Catalogue (CCC),[5] a large digital archive which has been open to the public since 2006.[6] Regarded as architecture potentielle, this wide range of ideas will still contribute to defining tomorrow's architectural culture.

As for the freeway per se, rather than turning to mere freeway art or freeway beautification, the solution lies, in part, in considering freeway landscaping as an integral part of the design process from the very beginning. It should not be thought out a posteriori, but rather as a fundamental part of the design of the freeway itself.

Thereby, either we completely rethink transport infrastructure networks keeping in mind aesthetics and transportation experience, or we go back to Kevin Lynch's The View from the Road.[7] What matters is what we see from the freeway: the city. To enhance the experience of the road users would be to make what we see from the freeway — and not on the freeway — more pleasant. This, of course, takes a lot of money and, above all, a lot of time.

Notes

[1] Patton, Phil. "A 100-Year-Old Dream: A Road Just for Cars." The New York Times (2009). Web. 9 October. 2008.

[2] Bourque, François. "Le rendez-vous manqué." La Presse (2012). Web. Feb 2012.

[3] Ibid

[4] www.crc.umontreal.ca

[5] Paysages Suspendus. (2008). Retrieved from http://www.ccc.umontreal.ca/fiche_concours.php?lang=en&cld=201

[6] Chupin, Jean-Pierre (sous la direction de). Concourir à l'excellence en architecture. Montreal: Potential Architecture Books, 2016.

[7] Lynch, Kevin. The View from the Road. The MIT Press, 1965.

IMAGINAIRES : ENTRE RÉSISTANCE ET POTENTIEL

IMAGINARIES:
BETWEEN
RESISTANCE
AND POTENTIAL

Perception de la grande structure urbaine abandonnée (GSUA) : la nécessité fictionnelle

Michel Max Raynaud, Université de Montréal

Les villes se sont régulièrement retrouvées héritières de bâtiments imposants, témoins d'une ancienne activité, vidés de leurs fonctions passées et en attende d'une décision sur leur sort.

Pendant longtemps, l'architecture de la grande structure urbaine symbolisait le pouvoir du commanditaire. La « grande structure urbaine » est à l'origine une « grande structure » publique, princière ou républicaine selon les époques ; mais toujours à vocation publique ; que ce soit un palais, un hôpital, une église, une caserne ou une église. L'image de sa fonction passait après celle de son enveloppe et les éléments du langage classique de son architecture **[Fig. 1 et Fig. 2]** ; des éléments théorisés par Claude Perrault, enseignés par Georges Gromort ou Jules Guadet à travers ce qu'il appelle « les programmes de composition ».

Auguste Perret rappelle que l'« architecte est le constructeur qui satisfait au passager par le permanent ». Une distinction entre le contenu et le contenant qui facilitait une patrimonialisation ou un recyclage, selon que la valeur symbolique du bâtiment reposait sur sa fonction sociale ou urbaine, ou son image architecturale seule, ou sur tout cela ensemble.

On peut dire que dans l'histoire des villes, le sort de la « grande structure urbaine » a été plus souvent lié au projet du pouvoir, par rapport à ce

Cities regularly inherit imposing buildings, witnesses of ancient activities, emptied of their past functions, awaiting a decision regarding their fate. For a long time, the architecture of the large urban structure symbolized the power of the patron: the "large urban structure" was a large public structure, princely or republican depending on the era. It always had a public vocation, whether it be a palace, hospital, church or military barracks. Its exterior and the elements of the classical language of its architecture represented the image of its function. These elements were theorized by Claude Perrault, taught by Georges Gromort or Jules Guadet through his "programs of composition".

Fig. 1 Éléments du langage classique de l'architecture. Source : Pierre Panseron, « Application de l'ordre ionique antique à un portail d'église », in *Nouveaux éléments d'architecture*, pl. 16 (1776).

qu'elle symbolisait, qu'en considération de l'expression de son programme.

À l'époque contemporaine, la « grande structure urbaine » change d'image. Le fonctionnalisme architectural modifie radicalement l'architecture tant sur le plan de la programmation que sur celui de l'enveloppe bâtie. Les espaces se spécialisent. Les équipements, les technologies nécessaires aux fonctions rendent les espaces difficilement adaptables à d'autres fonctions éventuelles. L'architecture de l'édifice elle aussi quitte une universalité symbolique que lui conférait le langage

Fig. 2 Les cinq ordres de l'architecture selon Vignole. Source : Jacques François Blondel, *Cours d'architecture*, pl. 1 (1771).

classique pour adhérer au plus près à l'image de sa fonction. Enfin, les matériaux modernes, toujours en lien avec ce changement de langage architectural, réclament des entretiens réguliers et coûteux, loin de l'architecture « permanente » d'Auguste Perret.

Les grands bâtiments publics vides sont devenus des « grandes structures urbaines abandonnées ». Et, la principale caractéristique de la grande structure urbaine abandonnée est que, justement, elle est abandonnée. Hors de toute fonctionnalité socialement partagée, hors de toute perception commune, la grande structure urbaine abandonnée n'apparaît plus que comme un fantôme inutile, au mieux une silhouette, au pire une carcasse. Pendant longtemps que ce soit en Europe sous la forme de la ruine, ou en Amérique sous celle du résidu, les grandes structures urbaines abandonnées connaissent toutes le même sort : l'oubli et la destruction. Il a fallu que le discours nostalgique

et patrimonial s'en mêle pour qu'une nouvelle attitude naisse, et avec elle de nouvelles questions.

La première conséquence de cet abandon est que la grande structure urbaine abandonnée n'a plus de fonction ; elle a été vidée de son usage. Elle est *vide de sens*. La question est de savoir comment lui retrouver un sens.

La deuxième conséquence de cet abandon est que la grande structure urbaine abandonnée n'est plus qu'une présence uniquement remarquable par sa taille, une forme émergente dans le tissu urbain. Elle est *libre de sens*. La question est quel autre sens lui donner ?

Comme le souligne Giulio Carlo Argan, il y a d'un coté la ville projetée par les professionnels qui l'imaginent totalement et radicalement différente, « ce qui revient à dire totalement privée de mémoire » et de l'autre un public urbain qui lui est en constante recherche de sens en lien avec l'histoire et la mémoire. Le fait que la grande structure urbaine abandonnée soit vide de sens, donc libre de sens, est sa

chance pour une éventuelle nouvelle vie. Éventuelle, car ce n'est ni sa seule capacité à accueillir de nouvelles fonctions, ni sa taille hors norme qui lui permettront de retrouver une réelle nouvelle existence, mais sa capacité à pouvoir redevenir une nouvelle réalité reconnue et partagée. Pour cela, il lui faut construire un nouvel imaginaire.

Pour construire un nouvel imaginaire, peut-on ou doit-on s'appuyer sur l'image existante ? Or, trop d'images tuent l'imagination. La Piazza d'Italia de Charles Moore, à la Nouvelle-Orléans, est en ce sens exemplaire **[Fig. 3]**. Dotée d'une image puissante, icône de la post modernité triomphante, et inaugurée en 1978, elle est devenue une ruine postmoderne en 2000, une grande structure urbaine abandonnée, repaire de sans-abris. C'est une restauration qui va lui permettre de renaître comme attraction urbaine, témoin désuet d'une mode architecturale passée ; une sorte de « forum » pour *Disneyland*.

À l'autre extrémité, comme modèle d'image plus ouverte, nous trouvons les immeubles industriels. Ils représentent

Fig. 3 Piazza d'Italia, Charles Moore, New Orleans, 1978. Wikipedia Creative commons (1990).

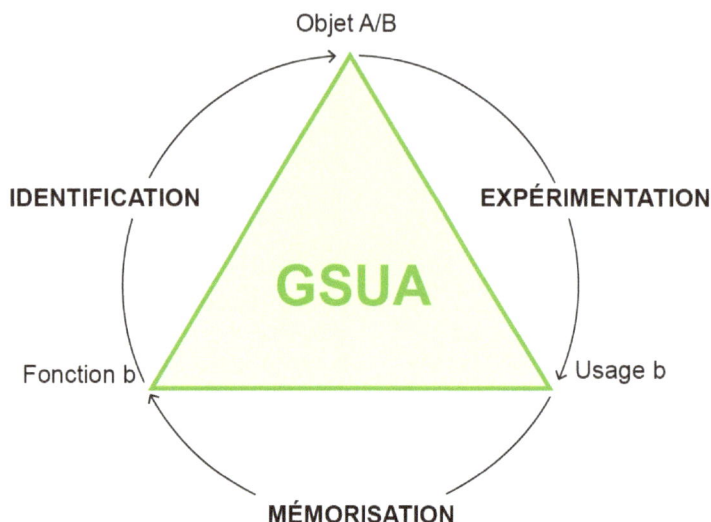

Fig. 4 Schéma de la transformation d'une grande structure urbaine abandonnée (A) en un nouvel objet (B) détenteur d'une fonction renouvelée. Source : Michel Max Raynaud.

un cas de figure intéressant. Ils sont passés, d'abord dans les villes américaines, ensuite dans les villes européennes, de l'état de carcasses abandonnées à celui de condominiums de luxe ou de locaux d'entreprises d'avant-garde. La transformation n'a pas été directe, il a fallu passer par des étapes intermédiaires : celles des squatteurs et des artistes. On s'est posé la question de savoir si ce passage était obligé. Il est en fait nécessaire. Il permet de faire passer les bâtiments pas seulement d'un usage à un autre, mais d'une signification à une autre. Le bâtiment industriel correspond le plus souvent à une activité sale et bruyante qui conditionne la vie de tout le quartier qu'il occupe. L'arrivée d'artistes squatters à la recherche de grands locaux, si possible gratuits ou peu chers, à l'écart de la vie urbaine normale, donne une nouvelle perception à ces bâtiments et à l'ensemble du quartier. Ce n'est plus une image ouvrière de travail et d'industrie, mais une image ludique de création et de plaisir. Cette perception une fois installée durablement, il est facile de déloger les occupants, en

général sans droit d'occupation, pour y installer une jeune bourgeoisie en quête d'image « créative ».

Deux exemples qui montrent le même discours, celui de la difficile mise en place d'un sens. Dans le cas de la Piazza d'Italia, c'est l'impossibilité de dépasser le discours même de l'objet, car son usage de place ne peut accueillir aucune autre fonction. Il reste donc comme alternative de la détruire ou de la restaurer à l'identique (on aurait pu aussi la démonter comme un monument pour la réinstaller ailleurs). Dans le cas des immeubles industriels, la perception dans l'imaginaire urbain devait passer par une étape intermédiaire d'usages différents de ceux d'origine (squats - habitations) pour entrer ensuite dans la mémoire collective sous de nouvelles fonctions (ateliers d'artistes) et réapparaitre dans le tissu urbain comme de nouveaux objets (lofts - condominiums). On pourrait schématiser cette transformation sous la forme d'un schéma **[Fig. 4]**. En partant d'un objet (A), une grande structure urbaine abandonnée dont l'usage

(a) et la fonction (a) ont disparu, l'expérimentation permet de développer un nouvel usage (b) c'est-à-dire une « normalité », puis d'établir durablement une fonction (b) c'est – à-dire une « norme » pour inscrire durablement un nouvel objet (B).

Nous retrouvons là le cercle herméneutique de Gadamer qui nous rappelle que « la tâche de l'herméneutique est d'élucider ce miracle de compréhension, qui n'est pas communion mystérieuse des âmes, mais participation à une signification commune ».

Jamais un architecte ou un urbaniste n'explique comment vivre les nouveaux espaces et les lieux qu'il a dessinés et construits. Comment un professionnel pourrait-il en ce sens expliquer comment vivre *autrement* les espaces délaissés des grandes structures urbaines abandonnées ? Il faut là aussi que le public le découvre seul. C'est là où, de plus en plus, le cinéma intervient pour remplir ce rôle pédagogique. Un rôle, inauguré au XIXe siècle par la littérature urbaine, et dont les conditions d'échange fixaient déjà la pleine dimension de cet apprentissage des architectures, des lieux et de la ville.

Nous avons besoin de construire des usages, d'en expérimenter les codes puis de les normaliser en fonctions. Ce travail seul permet de comprendre le sens des objets que nous regardons. « Le réel n'a pas de sens », nous dit Jacques Lacan. Il a raison de rappeler que les choses ne parlent pas. C'est la connaissance de l'usage et de la fonction qui nous permet de reconnaître la grande structure urbaine qui n'est pas encore abandonnée. Mais cet usage et cette fonction, cette normalité et cette norme, d'origine ont elles-mêmes du être apprises et mémorisées. On oublie souvent comment le cinéma — particulièrement le cinéma grand public — participe à cet apprentissage indispensable. Que ce soit dans l'humour des films de Jacques Tati ou dans les cascades des blockbusters de James Bond. C'est ce que nous avons défini ailleurs comme la perception *idéelle*.

Que ce soit dans la vie ou dans le contexte de la vision d'un film, pour Piaget notre perception s'intègre dans un «système tensionnel incessamment soumise à notre manière de voir les choses [...]; elle est toujours commandée par une *hypothèse perceptive*». Cette «tensionnalité», pour reprendre le néologisme de Piaget, nous oblige à toujours chercher face à un nouveau percept, une organisation plus conforme à notre savoir antérieur. Nous sommes conduits à constamment réorganiser notre perception des choses pour les faire cadrer avec notre savoir. Mais nous avons également la capacité d'intégrer rapidement de nouvelles pratiques, de nouveaux comportements afin de résoudre le problème éventuel que le spectacle nous pose. Cette tensionnalité est aussi décrite par Bergson lorsqu'il déclare que «notre perception distincte est véritablement comparable à une boucle fermée, où l'image-perception dirigée sur notre esprit et l'image-souvenir lancée dans l'espace courraient l'une derrière l'autre». La perception idéelle est à la fois causalité et résultat; ce qui signifie une constante adaptation et réorganisation en fonction du déroulement itératif de la perception de l'espace et du temps dans un même mouvement. Ce qui illustre la formule de Panofsky «*dynamization of space* et *spatialization of time*».

Lorsque nous percevons la représentation filmique d'un «objet urbain», c'est prioritairement notre mode de mémoire-action qui se met en mouvement, ce que nous définissons comme notre *empreinte culturelle*. Peu importe que nous reconnaissions ou non l'objet, il appartient à un présent que nous tenons pour vrai. Notre perception est active et nous *agissons vers* cette représentation. De plus, l'image filmique n'est pas fixe et l'intention du cinéaste est de nous diriger vers ce qu'il veut nous faire vivre à travers sa fiction.

En «participant» à l'action, nous assimilons les représentations avec les souvenirs compatibles ou approchants. Il faut ensuite intégrer ce nouveau souvenir à la totalité culturelle. Ce qui nous permet, en le rendant à son tour présent et actif, de poursuivre les reconnaissances. C'est l'ensemble de ces itérations qui engendre, à partir de la représentation, la construction de notre perception. Trois modes articulent les trois actions (reconnaître ou identifier, apprendre et mémoriser) : le mode conceptuel, le mode fictionnel et le mode culturel **[Fig. 5]**.

Le mode conceptuel contient les formes et les choses que nous possédons «en idées» et qui aident à l'identification ; Le mode fictionnel permet d'intégrer les actions, usages et pratiques vues à notre mémoire-souvenir ; Le mode culturel, en rendant «présente» la mémoire-souvenir, permet de la transformer en mémoire-action. C'est à ce niveau qu'existe «l'intuition de l'espace» comme empreinte de notre expérience culturelle et sociale.

Ce que nous apprend le cinéma, comme tout art narratif, c'est à connaître le sens des choses que nous voyons, le monde que nous vivons. Les architectures ont aussi besoin de sens. Lorsque nous réfléchissons aux objets dont on ne se sert plus, aux «grandes structures urbaines abandonnées», nous pensons les découvrir. Ce serait plus juste de dire que nous devons les

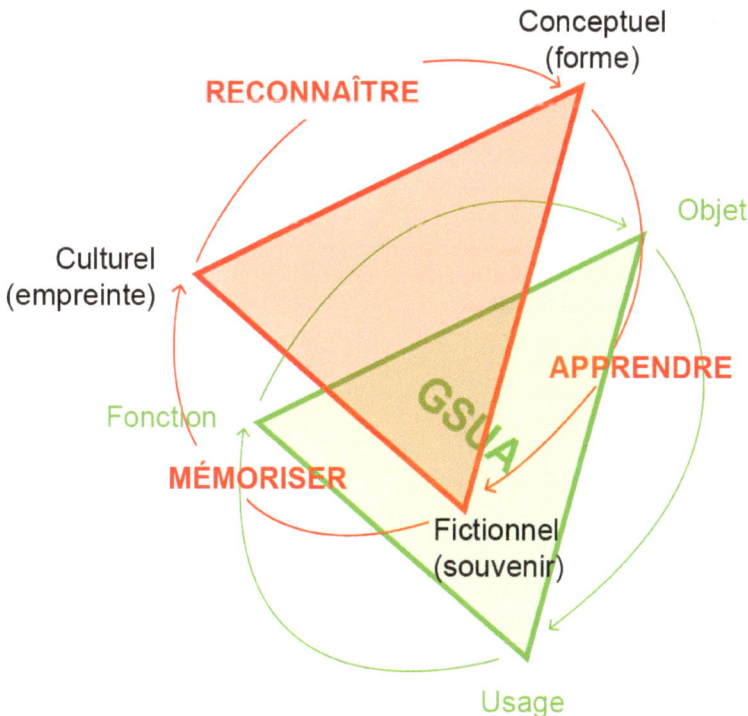

Fig. 5 Schéma de la construction de notre perception. Source : Michel Max Raynaud.

Fig. 6 Hubert Robert, *Antike Ruinen (Titus Bogen in Rom)*, (1754–1765).

redécouvrir. C'est-à-dire nous rappeler comment nous les avons découvertes. Le même chemin est à refaire, mais plus difficile car nous avons en nous l'empreinte du sens premier de l'objet. Les discours fictionnels peuvent nous aider.

La peinture d'Hubert Robert a permis au XVIIIe de comprendre le sens des ruines et de leur donner droit de cité comme témoin et patrimoine **[Fig. 6]**. Les tableaux d'Édouard Manet ou d'Adrien Hébert ont donné leurs lettres de noblesse aux structures des gares et aux silos à grains. Le roman populaire a pris la relève en éduquant toute une société sur les usages et les nouvelles fonctions des villes. Mais c'est probablement au cinéma, comprenons le discours cinématographique sous toutes ses formes, que l'on doit le plus parfait apprentissage de l'espace et de l'architecture. Le cinéma est à la fois le meilleur milieu, mais aussi le plus difficile à cerner. Il est, nous l'avons vu, héritier de nombreuses techniques

qu'il s'est appropriées. Il entretient avec le public un rapport à la fois simple et complexe. Il forme et informe (parfois déforme) ses spectateurs, mais il doit tenir compte de leurs connaissances. N'oublions pas que ce que nous pensons être une réalité n'est qu'une reconnaissance que nous en faisons. La signification d'une chose n'appartient pas à la chose, mais à l'esprit et au regard. Il est donc important, si l'on cherche à définir un sens nouveau à un objet, de partir non pas de l'objet, mais de la construction de nouveaux sens.

Revenons aux questions de départ au sujet des grandes structures urbaines abandonnées. Comment retrouver un sens? La réponse n'est pas dans l'objet, porteur de son sens ancien, mais dans les nouvelles fictions que l'imaginaire pourra déployer dans ses espaces. C'est pour cela que nous avons évoqué les squattes indispensables à la renaissance d'immeubles ou de quartiers entiers. Redéfinir de nouvelles normes d'occupation — dans notre cas de nouvelles fonctions — nécessite, comme nous le rappelle Michel Foucault, de passer d'abord par l'étape de la normalité reconnue et partagée des usages. Si comme nous l'avons vu pour la Piazza d'Italia, les nouveaux usages et les nouvelles fonctions ne sont pas possibles, alors il faut se résoudre à revenir à l'objet d'origine. Sa rénovation est possible; sinon c'est sa destruction.

L'autre question, plus importante encore, concerne le sens lui-même que nous souhaitons lui donner. La difficulté d'une réponse repose sur ce que nous entendons par donner un sens. Nous avons vu que la construction d'un discours reposant sur l'apprentissage, la mémorisation permettait de bâtir une reconnaissance d'un objet, donc de lui donner un sens partagé. C'est toute la différence entre une appropriation par une société et une détermination

de fonction voulue par un décideur. Le cas des grandes structures urbaines abandonnées de la ville de Detroit en est le meilleur exemple. La disparition des populations qui entouraient et faisaient vivre ces grandes structures limite une nouvelle appropriation. Quant à l'efficacité d'une reconversion de ces grandes formes, elle reste très hypothétique. Ce qui conduit actuellement à une inaction. Qui fera le premier pas. On attend la prochaine production hollywoodienne qui saura s'emparer de ces décors fantomatiques, les intégrer dans une narration et leur redonner vie ne serait-ce qu'un moment. Le mouvement serait initié. Les grandes structures abandonnées de Detroit ne seraient plus des carcasses inutiles, mais des usines à rêve, points de départ et symboles de nouvelles initiatives et de nouveaux quartiers. De nouveaux référents architecturaux?

Notes

[1] Gromort, Georges, *Lettres à Nicias*, Paris, Vincent, Fréal & cie, 1951.

[2] Il s'agit à la fois du programme de composition des espaces et des fonctions (la distribution), et du programme stylistique à partir des éléments d'architecture (la décoration). Guadet, Julien, *Éléments et théorie de l'architecture*, Paris, La Construction Moderne, 1872.

[3] Sartre, Jean-Paul, « Villes d'Amérique », in *Situations, III*, Paris, Gallimard, 1949. pp. 71-83.

[4] Argan, Giulio Carlo, *L'histoire de l'art et la ville*, Paris, Les Éditions de la Passion, 1995.

[5] Il est intéressant de constater que cette pratique de « fonction de transition » que constitue l'appropriation de bâtiments importants par des artistes ou des groupes marginaux peut sembler contraire, au premier abord, aux intérêts économiques d'un investisseur; il semble au contraire que le besoin de reconstruire un contexte urbain, une nouvelle perception et appropriation de l'environnement d'un quartier ou d'un secteur, soit plus efficace en permettant ces étapes de transitions sociales qui se terminent toujours au détriment des groupes d'artistes qui n'ont en général que de faibles droits d'occupation reconnus.

[6] Gadamer, Hans-Georg, *Vérité et méthode. Les grandes lignes d'une herméneutique philosophique*, Paris, Seuil, 1996 [1960].

[7] Raynaud, Michel Max, *Cinéma et sens de la ville : La ville idéelle*. Thèse de doctorat, Université de Montréal, 2010. https://papyrus.bib.umontreal.ca/xmlui/handle/1866/4614

[8] Piaget, Jean, Michotte, Albert & al., *La perception*, Paris, PUF, 1955.

[9] Bergson, Henri, *Matière et mémoire. Essai sur la relation du corps à l'esprit*, Œuvres, Édition du centenaire, Paris, PUF, 1959 [1896].

[10] Panovsky, Erwin, « Style et matière du septième art », in *Trois essais sur le style*, Paris, Le Promeneur, 1995.

Du palimpseste comme analogie opératoire

Bechara Helal, Université de Montréal

«What else than a natural and mighty palimpsest is the human brain?… Everlasting layers of ideas, images, feelings, have fallen upon your brain softly as light. Each succession has seemed to bury all that went before. And yet in reality not one has been extinguished… They are not dead but sleeping.» – Thomas de Quincey [1]

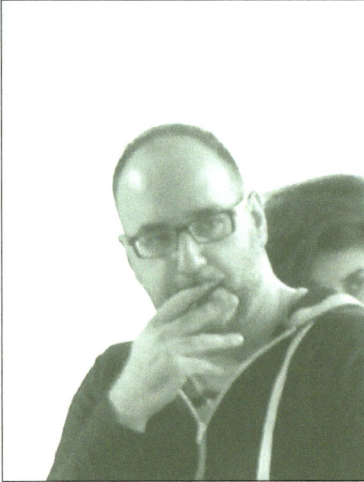

Par les liens qu'elle tisse entre les architectures du passé et celles du futur, la question du potentiel des structures abandonnées peut être vue comme une mise en tension de multiples temporalités.
Se situant dans un présent en constante transformation, cette mise en tension relie et, simultanément, oppose un passé révolu partiellement oublié et un futur potentiel encore non formulé. La redéfinition permanente de cet équilibre instable entre passé, présent et futur est intimement liée au passage du temps et il apparaît, par conséquent, essentiel d'intégrer ces tensions temporelles dans une réflexion sur le potentiel des structures abandonnées. Ce texte propose une problématisation de ces tensions à travers la figure analogique du palimpseste.

Le palimpseste est, dans son sens premier, «un manuscrit dont on a effacé la première écriture pour pouvoir écrire un nouveau texte» et, par extension, «une œuvre dont le dernier état recouvre des essais antérieurs.» [2] L'historien de l'architecture André Corboz notait ces opérations successives d'effacement et de réécriture propres à la figure du palimpseste en préférant cette dernière à celle de la stratification pour qualifier le territoire qu'il décrit comme le résultat d'une condensation de couches, de traces et de mutations : «La plupart des couches sont à la fois très minces et largement lacunaires. Surtout on ne fait pas qu'ajouter : on efface. Certaines strates ont même été supprimées volontairement. Le territoire, tout surchargé qu'il est de traces et de lectures passées en force, ressemble plutôt à un palimpseste. Pour mettre en place de nouveaux équipements, pour exploiter plus rationnellement certaines terres, il est souvent indispensable d'en modifier la substance de façon irréversible… [Chaque territoire] est unique, d'où la nécessité de «recycler», de gratter une fois encore (mais si possible avec le plus grand soin) le vieux texte que les hommes ont inscrit sur l'irremplaçable matériau des sols, afin d'en déposer un nouveau, qui réponde aux nécessités d'aujourd'hui avant d'être abrogé à son tour. »[3]

La caractéristique principale du palimpseste est «qu'il est possible de déchiffrer le premier texte, plus ancien »[4] et que, par conséquent, tout nouveau texte est potentiellement contaminé par des traces antérieures dont l'effacement, n'aurait été que partiel. Corboz voit cette particularité du palimpseste — longtemps vue comme un handicap — comme un atout permettant au concepteur «d'utiliser [ces traces] comme des éléments, des points d'appui, des accents, des stimulants de notre propre planification… Comprendre [les accidents du territoire], c'est se donner la chance d'une intervention plus intelligente. »[5]

En 1985, dans le cadre du projet «Romeo and Juliet» qu'il réalise pour la Biennale de Venise, Peter

Through the links it builds between past and future architectures, the question of the potential of abandoned structures can be seen as a merger of multiple temporalities within a unique material space. Taking place in a permanently changing present, this merger connects while simultaneously opposing a partially forgotten past and a yet unformulated future potential. The constant redefinition of this unstable balance between past, present and future is intertwined with the passage of time and it is therefore imperative to integrate these temporal tensions into a reflection on the potential of abandoned structures. This essay proposes a problematization of these tensions through the analogical figure of the palimpsest.

Eisenman se référera à son tour à la figure du palimpseste pour qualifier la donnée architecturale qu'est le site. Pour l'architecte, il faut voir le site, non pas comme une simple présence physique déterminée, mais plutôt comme un palimpseste, « contenant simultanément des traces de mémoire et d'immanence. »[6] Cette lecture permet à Eisenman de développer des stratégies formelles d'ancrage du projet architectural sur l'ensemble « non statique » qu'est le site.

Les analogies que proposent Corboz et Eisenman à l'échelle du territoire et du site sont transférables à celle de l'architecture, et il est possible de voir le réinvestissement d'une structure abandonnée comme *la construction d'un nouveau palimpseste*, voire comme *la transformation d'un palimpseste existant* dans le cas d'ensembles ayant résulté de mutations antérieures. Mais si cet emprunt analogique permet de décrire adéquatement les opérations sur les structures abandonnées, comment aller au-delà de la simple figure sémantique et tirer de la référence au palimpseste un véritable outil opératoire ?

Pour ce faire, il est nécessaire de qualifier cette figure analogique de façon plus précise. C'est ce que propose l'archéologue Geoff Bailey qui situe le palimpseste à la croisée des deux axes qui définissent l'archéologie comme discipline, soit la « profondeur temporelle » et la « matérialité de l'existence humaine. »[7] Considérant qu'une compréhension fine de la « nature palimpseste de l'univers matériel »[8] est essentielle pour aborder de façon opératoire les problèmes contemporains de l'archéologie, Bailey propose une taxonomie de cette figure et distingue cinq types de palimpsestes : 1. les « palimpsestes véritables », 2. les « palimpsestes cumulatifs », 3. les « palimpsestes spatiaux », 4. les « palimpsestes

temporels », et 5. les « palimpsestes de signification. »[9] Les nuances que Bailey met en évidence entre chacun de ces types de palimpsestes lui permettent d'esquisser des méthodes opératoires distinctes pour les aborder et les manipuler. Un transfert de la catégorisation proposée par Bailey vers le domaine de l'architecture permet de lire de façon nuancée les assemblages complexes de matérialités et de temporalités que sont les structures abandonnées. Une telle lecture rend possible une cartographie de ces ensembles intégrant simultanément les aspects matériels et temporels de leur existence, et, par le fait même, permet de mettre en évidence de façon plus fine tant les potentialités qu'ils contiennent que leur capacité à absorber de futures architectures potentielles.

Au sens figuré, le palimpseste est un « mécanisme psychologique par lequel de nouveaux sentiments, de nouvelles idées, se substituent aux précédents et les font disparaître. »[10] Mais, nous l'avons vu, ces anciennes traces ne disparaissent jamais entièrement. Par conséquent, la mise en tension des multiples temporalités liée à la question du potentiel des structures abandonnées n'est pas générée par la succession de situations temporelles distinctes, mais bien par *la coexistence simultanée d'états matériels successifs*. Or, comme le déclarait Victor Hugo, « l'oubli n'est autre chose qu'un palimpseste. Qu'un accident survienne, et tous les effacements revivent dans les interlignes de la mémoire étonnée. »[11] Le palimpseste est donc avant tout un état d'instabilité de la matière dans le temps, et c'est précisément de cette instabilité que naissent les potentialités.

Notes

[1] Thomas de Quincey, « The Palimpsest [in *Suspiria de Profundis: Being a Sequel to the Confessions of An English Opium-Eater*]», *Blackwood's Edinburgh Magazine* LVII, no.CCCLVI (1845): 742-743.

[2] Alain Rey, éd. *Dictionnaire culturel en langue française* (Paris : Dictionnaires Le Robert, 2005), vol. 3, 1299.

[3] André Corboz, « Le territoire comme palimpseste », *Diogène*, no. 121 (1983) : 35.

[4] Gilles Firmin, « Palimpseste », in *Dictionnaire culturel en langue française*, sous la direction d'Alain Rey (Paris : Dictionnaires Le Robert, 2005), vol. 3, 1300.

[5] Corboz, « Le territoire comme palimpseste », 34. Cette compréhension du palimpseste comme outil opératoire se situe dans la continuité du travail de Corboz sur le développement de stratégies encadrant la transformation de bâtiments existants dont on trouve la formulation la plus aboutie dans l'article « Esquisse d'une méthodologie de la réanimation : Bâtiments anciens et fonctions actuelles », *Restauro* 9, no. 36 (1978).

[6] Peter Eisenman, *Moving Arrows, Eros and Other Errors: An Architecture of Absence* (London: Architectural Association, 1986).

[7] Geoff Bailey, « Time Perspectives, Palimpsests and the Archaeology of Time », *Journal of Anthropological Archaeology* 26, no. 2 (2007) : 198. Nous nous limiterons ici à cette explicitation du palimpseste tirée du domaine de l'archéologie. Pour une étude théorique et critique du palimpseste dans le domaine de la littérature, voir Sarah Dillon, *The Palimpsest : Literature, Criticism, Theory* (London: Continuum, 2007).

[8] Bailey, « Time Perspectives, Palimpsests and the Archaeology of Time », 202.

[9] Ibid., 202-209.

[10] Rey, éd. *Dictionnaire culturel en langue française*, vol. 3, 1299.

[11] Victor Hugo, *L'homme qui rit* (Paris : A. Lacroix Verboeckoven et Cie, 1869), Tome III, Livre IV, 120.

Le cas du Silo no 5 dans le Vieux-Port de Montréal : questions potentielles

Georges Adamczyk, Université de Montréal

«A silo system can be subdivided into four levels: the ground floor, the container zone, the gallery above the containers, and the tower structure.» [1]– Bernd & Hilla Becher (2006)

On peut trouver étrange de s'engager dans un projet de recherche en architecture en choisissant un objet d'étude souvent perçu comme non architectural !

Nous ne ferons pas ici l'histoire du Silo no 5 à Montréal, dans le Vieux-Port, qui est fort bien documenté ; comme le sont aussi les silos no 1 et no 2 aujourd'hui disparus, mais dont la disparition, justement, fait du Silo no 5 le grand repentir patrimonial et urbanistique, depuis qu'il a cessé de fonctionner en 1994. Rappelons cependant que le Silo no 5 désigne un ensemble de trois élévateurs à grain dans le Vieux-Port de Montréal, dont la construction débute en 1903, suivie d'une annexe en 1913, puis se complète par le monumental élévateur de béton à l'entrée du Canal de Lachine en 1958 [2]
[Fig. 1 et Fig. 2].

Il y a d'autres élévateurs à grain dans le Port de Montréal, notamment en aval du fleuve, dans l'est de la ville ; mais si la disparition des silos no 1 et no 2 et le sort du Silo no 5 sont si discutés dans l'actualité montréalaise, c'est qu'ils constituent, absents ou présents, un enjeu important pour l'aménagement de cette partie historique de la ville de Montréal qui s'apprête à fêter le 375e anniversaire de sa fondation. Après la démolition du silo no 2 en 1978 (le plus célébré d'entre tous par les pionniers de la modernité architecturale) afin d'ouvrir « une fenêtre sur le fleuve », et celle du silo no 1 qui suivra

en 1983, au moment où s'initie le réaménagement du Vieux-Port, que faire aujourd'hui du Silo no 5 ? Une cascade de questionnements marque la relance récente de l'aménagement des espaces publics du Vieux-Port et leur extension [3]. Le Silo no 5 qui est maintenant intégré dans le nouveau plan à l'étude suscite des interrogations chez les chercheurs, par exemple : sur sa valeur patrimoniale comme édifice industriel (Martineau, 2010) [4] ou comme composante d'un paysage culturel (Sénécal, 2001) [5], sur les conflits et les controverses en aménagement (Ibanez, 2013) [6], ou encore sur le recyclage des constructions industrielles (Bork, 2013) [7]. Ainsi, autour de cet objet insolite, historiens de l'art et de l'architecture, géographes, géopoliticiens, économistes, urbanistes, spécialistes du patrimoine architectural et industriel, archéologues, biologistes urbains, repoussent les limites étroites qui enfermaient les élévateurs à grain dans leur statut de simples machines d'ingénieurs, n'existant que pour leur utilité et appelées à disparaître à la fin de leur service. Nous proposons trois pistes de recherche en architecture : Image, Patrimoine et Recyclage.

Images constructives : des images pour convaincre aux images pour penser le projet ?

L'article de Walter Gropius, *Die Entwincklung moderner industribaukunst,* paru en 1913, comporte « quatorze photographies

It can seem strange to engage in a project of architectural research on a subject typically considered non-architectural! This reflection will not tell the history of Silo no. 5 in Montreal's Old-Port, which is richly documented, as are those of Silos no. 1 and 2, which are no longer extant. In fact, the disappearance of Silos no. 1 and 2 makes Silo no. 5 a great patrimonial and urbanistic repentance since it ceased operating in 1994. It should be noted, however, that Silo No. 5 designates a set of three elevators In the Old Port of Montreal, which began construction in 1903, followed by an annex in 1913, and was completed by the monumental concrete elevator at the entrance to the Canal de Lachine in 1958.

Fig. 1 Le Silo no 5. Source : photographie Georges Adamczyk (2013).

Fig. 2 Le Silo no 2 tel qu'il apparaît retouché dans *Vers une architecture*. Source : Le Corbusier, *Vers une architecture*, Éditions Vincent, Fréal & cie, Paris, 1958, p. 18.

revêches de silos à grain, d'usines et d'entrepôts aux États-Unis, au Canada et en Argentine, qui deviendront les talismans de la modernité pour plus de trente ans »[8]. Le silo no 2 du Port de Montréal entre alors dans la légende.

Contrairement à l'étude de Charney[9] **[Fig. 3]** qui en résume la référence comme étant exclusivement formelle, mettant dans le même bloc héroïque et utopique : Gropius, Le Corbusier, Taut et Mendelsohn, les recherches

plus fines de Banham dans son ouvrage *A concrete Atlantis* de 1989, montrent bien les enjeux théoriques, critiques et pratiques visés par Gropius, esthétiques et polémiques par Le Corbusier, expressifs et dynamiques par Mendelsohn, voire politiques et didactiques par Ginzburg. Cohen, dans sa postface à l'édition en français d'*Amerika* de Mendelsohn en 1992 — l'originale avait été publiée en 1928 — renchérit sur l'approche particulière de Mendelsohn et sa vision dynamique de l'espace **[Fig. 4]**. Pour aller plus loin, dans un autre texte paru dans *Art in America* en 1988, Banham opposait déjà les images « Monuments actuels et réels » présentées au MOMA par Hitchcock et Johnson en 1932 aux images « Architectures potentielles » qui illustraient le livre de Bruno Taut, *Modern Architecture*, paru quelques années plus tôt[10].

Suivons Banham dans sa comparaison des propos de Gropius et de Ginzburg dans *A Concrete Atlantis* : « L'imposante monumentalité des élévateurs à grains canadiens et sud-américains, des dépôts de charbon construits par les grandes compagnies de chemin de fer et des nouvelles grandes halles de travail des grands trusts industriels nord-américains, peut presque être comparée avec l'impressionnante monumentalité des œuvres des anciens égyptiens. »[11]

« Dans la structure industrielle construite durant la dernière décade dans les grandes villes d'Europe et d'Amérique, nous voyons déjà réalisées non seulement les fondations d'une esthétique moderne, mais aussi des éléments individualisés d'architecture, systèmes de portées, joints, poutres de franchissement, ouvertures, arrêtes, aperçus de schèmes de composition, éclairs de nouvelles formes, que l'on peut transférer dans l'architecture domestique, et qui peuvent servir de matériaux concrets et fermement pratiques qui seront en mesure d'aider l'architecte à trouver une orientation vraie pour son travail créatif et ainsi aider à la transformation du langage de l'abstraction esthétique en un lexique précis d'architecture. Voilà le rôle de l'architecture industrielle. »[12]

Pour mieux comprendre la nature des images, leurs existences comme le dirait Simondon[13], nous pourrions préalablement nous interroger sur le livre d'architecture comme le fait Banham dans son article déjà cité de 1988. Il écrivait : « Depuis l'origine des premiers livres d'architecture imprimés, les grands livres ont toujours agencé texte et illustrations ensemble avec raffinement et intelligence, de telle manière que si les illustrations sont réarrangées légèrement, ce ne sont plus les mêmes livres. »[14] Il ajoute plus loin : « Les textes sont juste des mots alors que les livres sont des organismes bien plus complexes. »[15] À quoi nous pourrions poursuivre en affirmant cette évidence que les illustrations ne sont que des images et que les livres sont des organismes bien plus complexes (Carpo, 2001 et Tavares, 2016)[16]. C'est en quelque sorte, ce que Cohen nous invite à comprendre dans sa postface au livre de Mendelsohn. Il note : « Le grand format d'*Amerika* — 24 centimètres par 35 — en fait un objet d'autant plus singulier que les images en sont fort vastes et le texte en définitive léger. »[17] La mise en page est conçue de manière à restituer chez le lecteur les sensations d'espace, d'intervalles et de mouvement que veulent communiquer les illustrations, une sorte de double lecture forçant le dynamisme contre l'effet statique et monumental inhérent aux silos et aux gratte-ciels photographiés. Cohen déconstruit l'effet iconique, voire fétichiste, que l'on attribue trop vite à ces images en décrivant avec soin dans son texte « l'horizon de réception » de l'ouvrage de Mendelsohn. Finalement,

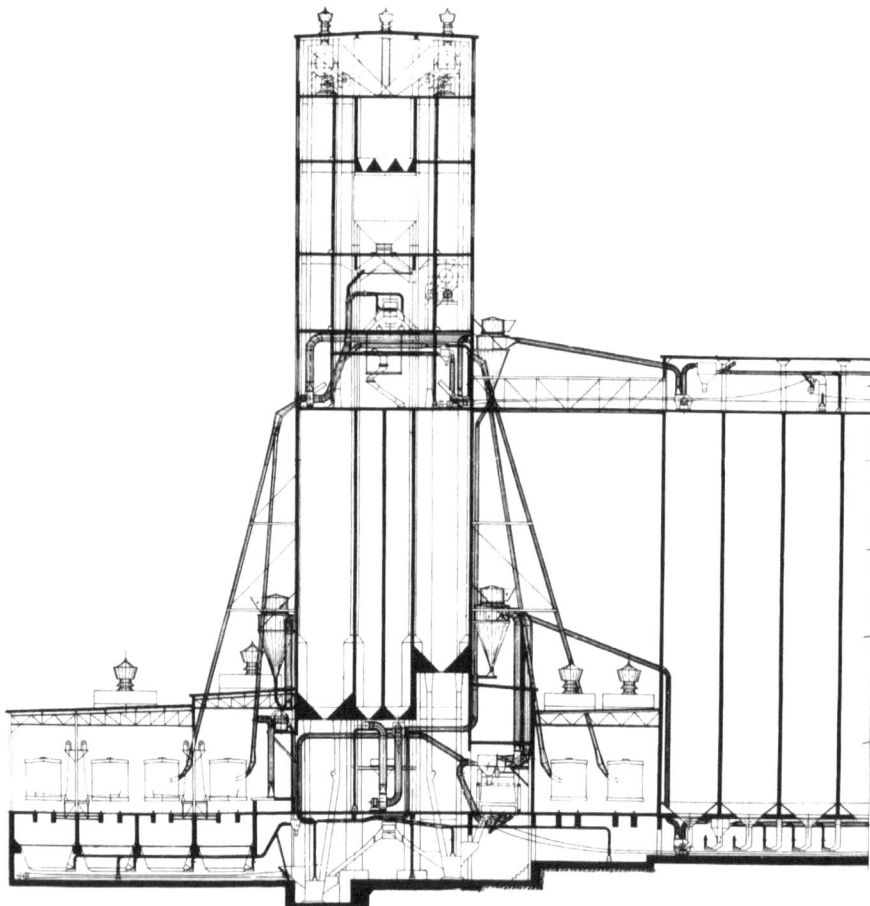

Fig. 3 Coupe transversale d'un silo à grain, Port Arthur. Source : Charney, Melvin, « Les silos à grains revisités », *Les cahiers de la recherche architecturale et urbaine*, no 22/23, février 2008. pp. 205-218, p. 206.

l'idée même de faire de ces images des icônes de la modernité est sans doute autant attribuable à ceux qui l'ont combattue qu'à ceux qui l'ont défendue.

Si Charney voit le recours à l'image des silos comme une sorte d'abus intellectuel de la part des pionniers du mouvement moderne, il n'en concède pas moins que « comme modèle analogique pour l'architecture, l'élévateur à grain peut être compris comme un édifice, un système ou la partie d'un système dont les mécanismes sont régis par le mouvement. »[18] Cette position est bien loin de celle de Ginzburg qui n'hésite pas à parler d'architecture industrielle en tant que telle et à proposer des « déplacements conceptuels »[19] dans le champ élargi de l'architecture comme étant le réel défi pour les architectes du monde à venir.

Ni image seulement, ni modèle, ni tout à fait icône de la modernité ? Mais, abandonnant la piste de la propagande artistique, si nous admettions que les images des silos et des usines étaient constitutives de l'imagination des architectes innovateurs, nous pourrions les interpréter du point de vue de la conception, comme le suggère en quelque sorte les propos de Ginzburg. Nous pourrions aborder ces images de silos et de leur circulation (Legault, 1993)[20] autrement qu'à travers une réduction de l'architecture à sa représentation iconographique, et choisir de les considérer comme des images/objets, images pour penser, des images qui accompagnent le schème mental, stimulant le concepteur dans sa démarche innovante (Simondon, 1989 et Alloa, 2015)[21].

Ainsi les silos, présents ou disparus auraient quelque chose à voir avec les théories de l'architecture moderne dès lors que l'on s'intéresse à la conception comme activité imageante (Chupin, 2010 et Bredekamp, 2015)[22].

Fig. 4 Chicago, silo à grain no 6.
Source : Mendelsohn, Erich, *Amerika*, Les éditions du demi-cercle, Paris, 1992. p. 126.

Héritage industriel et patrimoine de l'esprit nouveau ici et ailleurs ?

Dans son ouvrage consacré à Marcel Parizeau, le père Couturier écrit en 1945 : « Le train file dans la campagne dépouillée où la neige couvre de grands espaces. Au-dessus des longues lignes d'arbres, des cathédrales de fer blanc élèvent vers le ciel clair leurs prétentions gothiques : les pylônes électriques y élèvent aussi, en traversant la plaine, leurs fines armatures avec une élégance inconsciente de soi, une stricte économie des moyens auprès desquelles ces églises font la triste impression de choses vaniteuses et truquées, de négligeables décors démodés. »[23] Couturier, lecteur de Gropius ? Quelle belle ouverture sur l'art et la technique ! Une anticipation des belles lignes de Simondon sur la silhouette du château d'eau dans le paysage de la campagne ! Un manifeste à la modernité !

Dans ce même ouvrage, Couturier se fait plus ardent dans sa défense de la beauté de l'architecture industrielle : « Mais si l'on s'avise que de toutes les grandes œuvres architecturales, édifiées dans la province de Québec durant ces vingt ou trente dernières années, la seule qui se soit vraiment imposée à l'attention et au respect,

non seulement par sa rigueur et son intelligence, mais encore par l'admirable beauté de ses formes dans l'espace, ce soit décidément et en dépit de son emplacement misérable, l'ensemble des grands silos du port de Montréal, on en vient assez vite à rechercher les raisons de cette étonnante aventure. »[24]

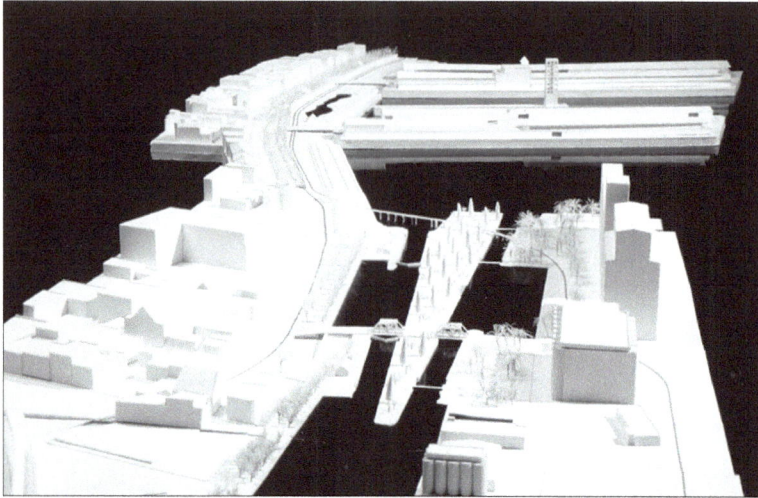

Fig. 5 Cardinal Hardy Architectes et Peter Rose, Maquette du Secteur Ouest du Vieux-Port.
Source: http://www.roseandpartners.com/projects/old_port

La question de la valeur culturelle comme édifice ou comme élément paysager des silos montréalais et du Silo no 5 en particulier, a été très bien abordée dans les mémoires de Sénécal (2001)[25] et Martineau (2010)[26] ou dans l'essai récent de Charles (2014)[27]. Encore que la construction d'une modernité québécoise et canadienne y soit trop vite subordonnée aux élans et aux manifestes européens. Ici même, le port et la ville industrielle sont des motifs nouveaux pour les peintres et en particulier pour Pellan qui mènera la lutte contre l'académisme dominant à l'École des Beaux-Arts, et créera un œuvre originale, à la frontière du cubisme et du surréalisme. On oublie que l'architecte Fernand Préfontaine, l'un des trois fondateurs de la revue d'avant-garde *Le Nigog* qui paraitra brièvement en 1918, photographia les silos de Montréal comme référence au cubisme et à l'abstraction qu'il défendait. La place des silos, dans la peinture, dans la littérature, la photographie, le cinéma et dans l'imaginaire architectural au Québec pourrait être plus spécifiquement approfondie à la suite des recherches et des écrits de Trépanier et Lamonde (1986)[28].

La destruction des silos pour ouvrir « une fenêtre sur le fleuve » était sans doute la conséquence annoncée de la réalisation d'Expo 67, « une fenêtre sur le monde », signe que nous étions enfin modernes ! Mais de façon surprenante, à la même époque, on observe au Québec la montée d'un désir d'histoire et l'avènement d'un mouvement

Fig. 6 Zeitz MOCAA, Cape Town, Heatherwick Studio (2016).
Source : http://www.heatherwick.com/zeitz-mocaa/

Fig. 7 Eric Mendelsohn, esquisse d'un élévateur à grain (1914).
Source : Beyer, Oscar, éd., *Eric Mendelsohn : Letters of an Architect*, Abelard-Schuman, Londres, 1967. p. 34.

important de reconnaissance et de préservation du patrimoine architectural et urbain (Drouin, 2003)[29]. Le Vieux-Montréal, le Vieux-Port et le Lieu historique du Canal de Lachine partagent depuis plusieurs décades la responsabilité de la mise en valeur des installations portuaires désaffectées. Disons que jusque là tout allait bien (Adamczyk, 1991)[30]. Avec la Pointe du Moulin qui vient d'être incluse au territoire du Vieux-Port, les règles du jeu immobilier semblent vouloir s'imposer à nouveau et plutôt que de poursuivre le plan d'aménagement actuel et l'arrimer au Lieu historique du Canal de Lachine, les principes d'aménagement durement acquis par le public semblent être remis en cause (Gariépy, 2016)[31].

Il est parfois bon d'observer des exemples étrangers et nous aurions pu nous inspirer d'IBA Emscher Park en Allemagne. La matière d'un concours national ou international pour l'agrandissement du site public du Vieux-Port pourrait être étudiée et conduire à une réelle vision dans le cadre d'un réel partenariat, loin des critères des sites web du genre *tripadvisor* ou *foursquare* et autres attrapes pour touristes, reconstruisant

ainsi de façon originale une mémoire du travail humain et de l'ingéniosité industrielle au cœur de la cité.

Tabula rasa ou recyclage des infrastructures ou une autre architecture ?

On s'étonne de la soudaine actualité à Montréal de cette question de la démolition de grands bâtiments pour laisser la place à de nouveaux projets. Nous avions fini par croire à la fin de l'urbanisme bulldozer. Habitués à aménager des aires des terrains abandonnés (stationnements temporaires, friches industrielles, cours de triage des compagnies de chemin de fer, hippodrome à bout de course), voilà qu'émergent de nouvelles controverses fondées tout autant sur le futur que sur le passé de la ville. Les uns réclament la destruction de la tour de Radio-Canada comme symbole de l'arrogance des aménagistes fonctionnalistes, liquidateurs de la vie quotidienne des quartiers populaires dans les années 1960 et d'autres souhaitent la destruction des derniers grands silos du port de Montréal, puisqu'ils ne servent à rien, sinon qu'à rappeler le douloureux déclin de la vitalité économique de

Montréal dans la deuxième moitié du XXe siècle. De nombreux chercheurs se sont penchés sur l'importance des figures référentielles en aménagement, qu'elles soient réelles ou imaginaires ; plus récemment, ce sont les aspects conflictuels et controversés des processus décisionnels urbanistiques qui retiennent l'intérêt des chercheurs, en particulier en géographie urbaine. Ibanez (2013)[32] aborde bien cette question autour des enjeux posés par la conservation ou la destruction éventuelle du Silo no 5 **[Fig. 5]**. Dans sa très intéressante recherche doctorale, Bork (2013)[33] compare des projets de recyclages de sites post-industriels au Québec et en Allemagne. L'actualité regorge d'exemples spectaculaires de recyclage de silos tel que le Zeitz MOCAA de Cape Town conçu par Thomas Heatherwick[34] **[Fig. 6]**. La recherche de Bork inclut le Silo no 5 et ainsi qu'Emscher Park. Cette multiplication de projets de recyclage nous interroge. Cette approche plus globale de la question du recyclage ne peut-elle s'étendre à tous nos espaces urbains comme reliquats post-industriels de nos établissements humains ? Au-delà de l'analogie inspirée par l'archéologie et l'écriture ancienne qui voit la ville comme un palimpseste (Corboz, 2008)[35], ou des soumissions au culte du réel qui la décrivent comme un *Junkspace* (Koolhaas, 2006)[36], observons-nous les caractéristiques d'une nouvelle ère des villes et des territoires, l'Anthropocène (Latour, 2014)[37], une ère annonçant un nouvel espace et un nouveau temps et la dissolution de l'architecture dans les infrastructures (Easterling, 2012)[38]? Il ne s'agirait plus, comme le proposait Grumbach (1987)[39] de « savoir natter les bribes de sens, les bribes de discours qui traînent »[40] dans la ville ancienne, mais de trier nous-mêmes les indices construits, de créer du sens avec des petits dispositifs d'humanité, pour ceux qui habiteront ce monde futur. Ce serait moins dans les formes matérielles et plus dans les programmes d'usages qui s'installeraient dans ces artefacts délaissés du monde actuel, que pourrait s'orienter l'imagination des concepteurs. Science-fiction? Utopies?

Les nombreux projets de recyclage de silos constituent, si ce n'est un répertoire de réponses potentielles, une suite allégorique qui vaudrait certainement la peine d'être analysée dans cette perspective. En fait, le recyclage ne serait probablement plus une catégorie, sa disparition faisant place à une définition du contexte et du projet d'architecture aujourd'hui.

Nous serions tentés de nous demander : mais quelle était la question ? Aux futurs archéologues d'y réfléchir. Aux romanciers d'imaginer la suite et aux architectes de « rêver éveillés », comme Mendelsohn, à une nouvelle *Amerika* [Fig. 7]. Mais pour le chercheur, il importe de clarifier les enjeux théoriques de ces questions car nous croyons avoir montré dans ce court essai que l'histoire critique de l'architecture moderne fait parfois l'impasse sur l'étude attentive des conditions de son apparition, sur la

connaissance de la pensée et de la conception de son projet original et sur l'existence technique de ses objets dans l'imaginaire social qui contribue à hâter ou à reculer le moment de leur disparition.

Notes

[1] Becher, Bernd & Illa, «Grain Elevators», MIT Press, Cambridge, Massachusetts, 2006, p. 5.

[2] Lacourte, Carole, «Silo no.5 Une machine industrielle dans un contexte national», Rapport présenté à la Société immobilière du Canada (SIC), Montréal, septembre 2010, http://fr.clc.ca/files/PDM%20 historical%20context%20FRENCH%20 FINAL-clean.pdf, consulté le 27 avril 2016. & Pinard, Guy, «Montréal : son histoire, son architecture». Éditions du Méridien, Montréal, 1992

[3] Le réaménagement du Vieux-Port est envisagé dès les années 70. Voir l'étonnante étude de Michel Lincourt *et al.,* «Vieux-Port de Montréal – étude de remise en valeur», La Société, Montréal, 1975.

[4] Martineau, Marie-Nathalie, «L'histoire et la mémoire en suspens. Le patrimoine des villes post-industrielles et le cas du Silo no 5 à Montréal», Mémoire, Université du Québec à Montréal, 2010.

[5] Sénécal, Nathalie, «The No.5 Terminal Grain Elevator in the Port of Montreal : Monument in a shifting Landscape», Master Thesis, Concordia University, 2001.

[6] Ibanez, Hélène, «Géopolitique de l'aménagement du territoire : le conflit du Silo no 5 à Montréal», Mémoire, Université du Québec à Montréal, 2013.

[7] Bork, Anja, «From Disposable Architecture to Industrial Monument - The Concept pf Contemporary Industrial Heritage in Québec and in Germany», Ph.D. dissertation, Concordia, 2013.

[8] Banham, Reyner, «Fagus et Fiat : architecture moderne et représentations de l'industrie américaine», in Cohen et Damisch, direction, *Américanisme et Modernité – l'idéal américain dans l'architecture*, EHESS, Flammarion, 1993, p. 140.

[9] Charney, Melvin, «Les silos à grains revisités», *Les cahiers de la recherche architecturale et urbaine*, no 22/23, février 2008, p. 205-218. L'original de cet article a été publié en 1967 dans la revue *Architectural Design*, Vol.37, no 7, 1967, p. 328-334. Voir aussi Melvin Charney, «Pour une définition de l'architecture au

Québec», in *Architecture et urbanisme au Québec, Conférences J.A. De Sève 13-14*, Presses de l'Université de Montréal, Montréal, 1971, p. 20-23.

[10] Banham, Reyner, «Actual Monuments», in *Art in America*, octobre 1988, p. 173-215.

[11] Banham, Reyner, «A Concrete Atlantis : U.S. Industrial Building and European Modern Architecture 1900-1925», MIT Press, Cambridge, Massachusetts, 1989, p. 202 (Gropius, cité par Banham, traduction libre).

[12] *Id.*, p. 235 (Ginzburg, cité par Banham, traduction libre).

[13] Simondon, Gilbert, «Du mode d'existence des objets techniques», Aubier, Paris, 1989

[14] Banham, Reyner, «Actual Monuments», in *Art in America*, octobre 1988, p. 216. (traduction libre)

[15] *Id.*, p. 216 (traduction libre).

[16] Carpo, Mario, «L'architecture à l'âge de l'imprimerie », Éditions de La Villette, Paris, 2009. & Tavares, André, «The Anatomy of the Architectural Book», CCA, Montréal, 2016. [17] Mendelsohn, «Amerika: livre d'images d'un architecte. Morceaux choisis», postface de Jean-Louis Cohen, les éditions du demi-cercle, Paris, 1992, p. 232.

[18] Charney, Melvin, «Les silos à grains revisités», Les cahiers de la recherche architecturale et urbaine, no 22/23, février 2008, p. 213.

[19] Ce type de déplacements conceptuels sera noté dans l'œuvre de Le Corbusier par Alan Colquhoun dans son essai : «Déplacement des concepts chez Le Corbusier», in *Recueil d'essais critiques. Architecture moderne et changement historique*, Pierre Mardaga éditeur, Bruxelles, 1985. p. 59-74.

[20] Legault, Réjean *et al.*, «Le béton en représentation – La mémoire photographique de l'entreprise Hennebique 1890-1930», Institut français d'architecture, Hazan, Paris, 1993.

[21] Simondon, Gilbert, «Du mode d'existence des objets techniques», Aubier, Paris, 1989 & Alloa, Emmanuel, «Prégnances du devenir : Simondon et les images», in *Critique*, No. 216, mai 2015, p. 356-371.

[22] Chupin, Jean-Pierre, «Analogie et théorie en architecture : de la vie, de la ville et de la conception, même», Collection Archigraphy Projet et Théorie, Infolio Éditions, Gollion, 2010. & Bredekamp, Horst, «Théorie de l'acte d'image», Éditions la découverte, Paris, 2015.

[23] Couturier, Marie-Alain, «Marcel Parizeau Architecte», L'Arbre, Montréal, 1945, p. 23.

[24] *Id.*, p. 23.

[25] Sénécal, Nathalie, «The No.5 Terminal Grain Elevator in the Port of Montreal : Monument in a shifting Landscape», Master Thesis, Concordia University, 2001.

[26] Martineau, Marie-Nathalie, «L'histoire et la mémoire en suspens. Le patrimoine des villes post-industrielles et le cas du Silo no 5 à Montréal», Mémoire, Université du Québec à Montréal, 2010.

[27] Charles, Morgan, «Le Silo no 5», *in* Straw, Gérin et Bélanger, direction, *Formes urbaines. Circulation, stockage et transmission de l'expression culturelle à Montréal*, Les éditions Esse, Montréal, 2014, p. 170-179.

[28] Trépanier, Esther et Yvan Lamonde, direction, «L'avènement de la modernité culturelle au Québec», IQRC, Québec, 1986.

[29] Drouin, Martin, «Le combat du patrimoine à Montréal (1971 2003)», Presses de l'Université du Québec, Québec, 2007.

[30] Adamczyk, Georges, «Le Vieux-Port de Montréal et la rue de la Commune ; la mise en valeur d'un site exceptionnel», *ARQ 64*, 1991, p. 23-28.

[31] Gariepy, Michel et Phyllis Lambert, «Le défi de la cohérence ou comment innover dans la continuité. Revitalisation du Vieux-Port de Montréal», *Le Devoir*, Jeudi 3 mars 2016.

[32] Ibanez, Hélène, «Géopolitique de l'aménagement du territoire : le conflit du Silo no 5 à Montréal», Mémoire, Université du Québec à Montréal, 2013.

[33] Bork, Anja, «From Disposable Architecture to Industrial Monument - The Concept pf Contemporary Industrial Heritage in Québec and in Germany», Ph.D. dissertation, Concordia, 2013.

[34] Twidle, Hedley, «The Diary», *Life & Arts, Financial Times*, 16-17 avril 2016, p.2.

[35] Corboz, André, «Le territoire comme palimpseste et autres essais», Les éditions de l'imprimeur, Paris, 2001.

[36] Koolhaas, Rem, «Junkspace», Payot, Paris, 2011.

[37] Latour, Bruno, «Anthropology at the time of the Anthropocene — A personal view of what is to be studied», Communication à *l'American Association of Anthropologists*, Washington, décembre 2014. http://www.bruno-latour.fr/sites/default/files/139-AAA-Washington.pdf, consulté le 27 avril 2016.

[38] Easterling, Keller, «The Action is Form. Victor Hugo'sTed Talk», Strelka Press, Moscou, 2012.

[39] Grumbach, Antoine, «Traces et tracés : architecture et formes urbaines», in Germain et Marsan, direction, *Aménager l'urbain de Montréal à San Francisco : politiques et designs urbains*, Éditions du Méridien, Montréal, 1987, p. 79-88.

[40] Grumbach, Antoine, «Traces et tracés : architecture et formes urbaines», in Germain et Marsan, direction, *Aménager l'urbain de Montréal à San Francisco : politiques et designs urbains*, Éditions du Méridien, Montréal, 1987, p. 83.

Point de vue

Alessandra Mariani, UQÀM

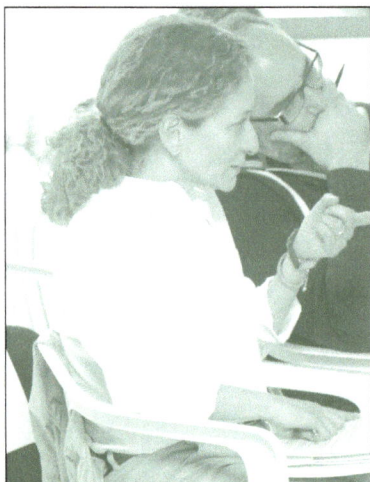

I will not suggest a solution, but a point of view, with all the reservation the architectural discipline commands. My understanding of the problem is informed by the perspective artist Robert Smithson presented in 1967 on a series of "artefacts" found along the Passaic River in New Jersey, which he "monumentalized". Smithson's short text generated much critical success after its publication. Initially understood as a stance on the abandonment of industrial sites and a criticism of suburban expansion, his article subsequently exhorted an inverted (and operative) understanding of the past.

La catégorisation des grandes structures architecturales en déshérence (Abenia) a comme objectif de mettre en relation les données physiques, historiques et sociales de celles-ci afin de créer un terreau fertile pour leur réinvestissement. Les interrogations sur les potentialités ont abordé la question de la charge mémorielle comme force à combattre ou à dompter (Chupin); la resémentisation critique de la monumentalité comme représentation de la modernité architecturale (Martin); la dissolution de la «monumentalité démocratisée» des structures hospitalières désuètes qui ne peut être réactivée (Theodore); la monumentalisation des ruines par le biais d'une réhabilitation prophétique et expérimentale (Roquet); l'esthétique de l'éthique environnementale comme alternative aux friches industrielles (Hammond); le déclin et l'abandon de la mégastructure en tant qu'incubateur de revitalisation urbaine (Bilodeau); l'actualisation de la structure autoroutière par une signification positive de sa présence (Cormier); les décompositions temporelles et spatiales qui accompagnent la difficile actualisation du gigantisme architectural industriel abandonné (Cucuzzella); l'imaginaire derrière les propositions d'intervention des sites industriels connotés (Adamczyk); la capacité du cinéma et de l'animation à investir les lieux abandonnés d'un sens nouveau et d'une vocation nouvelle (M. Raynaud); la schématisation des principales réflexions posées sur la grande structure que représente la ville du XXe siècle et ses articulations (Boudon).

Mon *point de vue* est informé par le regard que l'artiste Robert Smithson a posé en 1967[1] sur un ensemble d'«artefacts» repérés le long de la rivière Passaic dans le New Jersey, et qu'il a «monumentalisés». Ce court texte a généré une importante fortune critique dès sa publication. D'abord reçu comme prise de position sur l'abandon des sites industriels et critique de l'expansion suburbaine, l'article a par la suite, exhorté une compréhension inversée (et opératoire) du passé.

Dans cet écrit, Smithson nous transporte à Passaic, sa ville natale. La description de son trajet en bus alterne les vues de sa fenêtre et celles des tableaux décrits dans un article du *New York Times* dont il fait la lecture. Ce déplacement métaphorique modèle les descriptions de sa promenade qu'il fait délibérément contraster avec la fiction : Smithson offre des moments photographiques à son lecteur. Un pont enjambant la rivière Passaic sous un ciel bleu, mais «surexposé» par lumière du soleil de midi, lui permet d'écrire qu'il photographie ce qui lui semble être déjà une image, et qu'il finit par déambuler dans cette «image» faite de bois et d'acier. Captivé par ses clichés qui monumentalisent le pont, son regard se dirige ensuite vers une série de machines de chantier et d'infrastructures qui jonchent les berges. Il convertit les contreforts de béton, érigés pour une nouvelle autoroute, en «monuments mineurs». Ensevelis dans la boue, ceux-ci lui paraissent contribuer au chaos environnemental qui limite toute distinction entre l'ancienne route et la nouvelle. Son cadrage perceptuel lui fait voir une Passaic criblée de trous, lorsque comparée à New York qu'il sait compacte et solide. Ces «trous» sont pour Smithson les ruines d'édifices non construits, des monuments inversés, un «futur abandonné» comme les espaces de banlieue ou des films de série B. Il fait d'un grand stationnement de voitures occupant l'ancienne station ferroviaire de la ville, le monument subséquent. Ce stationnement divise la ville en deux et la transforme simultanément en miroir, en réflexion instable qui limite la distinction entre la réalité et l'image réfléchie. Ce monument réverbérant est pour Smithson, une façon métaphorique de dépasser le futur sans composer avec un passé historique. Sa promenade se clôt devant un bac de sable où sont mélangées deux masses équivalentes de sable noir et blanc qu'il monumentalise aussi. Celui-ci vient, selon Smithson, attester l'impossible restauration de la division d'origine, et l'importante entropie atteinte par l'action du mélange. Il précise que cette irréversibilité peut être temporairement éclipsée par la technique du cinéma, mais que ce processus et son résultat demeurent néanmoins une illusion.

Selon Smithson, le cadrage parvient à restreindre la vue du lecteur pour diriger son attention sur le processus fictionnel et la démarche qu'il a établis. Cette stratégie est une invitation faite au lecteur à se rendre sur place pour refaire le parcours et expérimenter ce que le texte a évoqué. Elle est aussi une invitation à questionner les hypothèses que nous formulons sur la relation des objets aux formes du temps. Elle démontre tout compte fait, comment un processus fictionnel peut mener à la construction des perceptions

par la seule intention de l'artiste et de la médiation de celle-ci. Anaël Lejeune a relevé que la caractérisation de la ville de Smithson «ne prenait pas appui sur des éléments de repères objectifs, au sens où ceux-ci seraient institués communément, mais subjectifs. [...] et que la catégorie de monument qu'il a retenue est tout aussi subtile puisqu'il fait moins signe vers la valeur esthétique que la symbolique de l'élément du paysage qu'il qualifie» [2]. En opposant la faible qualité visuelle de la ville de Passaic à la compensation produite par la monumentalisation d'une série d'objets dont il partage le processus, Smithson produit une nouvelle caractérisation du lieu.

L'intention engagée dans la création peut devenir une composante importante dans le processus de caractérisation, que ce soit pour cerner une situation existante ou pour projeter le futur de celle-ci. Elle peut transformer la perception de la forme et de la fonction d'un objet, d'un artefact ou d'un bâtiment. Les études en cognition ont établi que notre catégorisation des artefacts est en général un processus inductif dont les assomptions sont tirées des relations entre l'apparence d'un objet, son usage, et les intentions de son concepteur [3]. Ces intuitions sont habituellement véhiculées par de l'information explicite, souvent inutile parce que la fonction d'un objet nous permet de formuler intuitivement une première caractérisation. Les choses se compliquent lorsque des membres atypiques d'une catégorie émergent, mais nous serions tout de même aptes à les reconnaître comme faisant partie de cette même catégorie si nous sommes informés que l'anomalie n'est qu'une version future du type [4].

La suite de ces recherches démontre qu'il est plus compliqué de comprendre une phrase que d'employer la connaissance syntaxique et lexicale pour décoder un message [5]. Il s'agit d'un

acte d'interprétation intentionnel qui implique les attentes et la coopération mutuelle de celui qui énonce et de celui qui reçoit. Ceci explique notre compréhension du langage non littéral tel que l'ironie, la métaphore, le sarcasme, etc. Pour Paul Bloom, établir le sens de ce qui est dit n'est pas équivalent à la catégorisation d'objets qui sont créés, même s'il y a des similitudes dans ces deux processus. Observer l'intuition avec laquelle les enfants identifient les objets lui permet de déduire que l'identification peut dériver des intentions du concepteur et non de ce que la représentation de l'objet énonce de prime abord [6]. Dans ce cas, la catégorisation peut devenir un instrument ambivalent très performant. Elle peut objectivement décrire une situation, un lieu, des faits, une matérialité, des formes, mais peut aussi bien, lorsque parée d'intentions ciblées, se transformer en instrument de cadrage des perceptions.

Notes

[1] Smithson, Robert, «A Tour of the Monuments pf Passaic, New Jersey», *Artforum*, vol. VI, no 4, déc.1967. pp. 48-51.

[2] Lejeune, Anaël, «Un "Tour des monuments de Passaïc" (1967). L'image de la cité selon Robert Smithson», *L'Espace géographique*, vol. 4, tome 40, 2011, p. 373.

[3] Keil, Frank C., *Concepts, Kinds, and Cognitive Development*, Cambridge, Mass., The MIT Press, 1989; Dennett, Daniel C., «The interpretation of texts, people, and other artifacts», *Philosophy and Phenomenological Research*, no 50, 1990. pp. 177-194; Bloom, Paul, «Intention, history and artifact concepts», *Cognition* no 60, 1996. pp. 1–29.

[4] Malt, Barbara C., Johnson, Eric C., «Artifact category membership and the intentional-history theory», *Cognition*, no 66, 1998. pp. 79–85.

[5] Sperber, Dan, Wilson, Deirdre, *Meaning and relevance*, Cambridge, Mass., The MIT Press, 2012.

[6] Bloom, Paul, «Theories of artifact categorization», *Cognition*, no 66, 1998.

Dispositif de catégorisation des grandes structures en suspens

Tiphaine Abenia, Université de Montréal, ENSA Toulouse

« C'est généralement dans ces domaines mal partagés que gisent les problèmes urgents. (...) Il y a toujours un moment où la science de certains faits n'étant pas encore réduite en concepts, ces faits n'étant pas même groupés organiquement, on plante sur ces masses de faits le jalon d'ignorance : "Divers". C'est là qu'il faut pénétrer. On est sûr que c'est là qu'il y a des vérités à trouver : d'abord parce qu'on sait qu'on ne sait pas, et parce qu'on a le sens vif de la quantité de faits. » - Marcel Mauss (1950)[1]

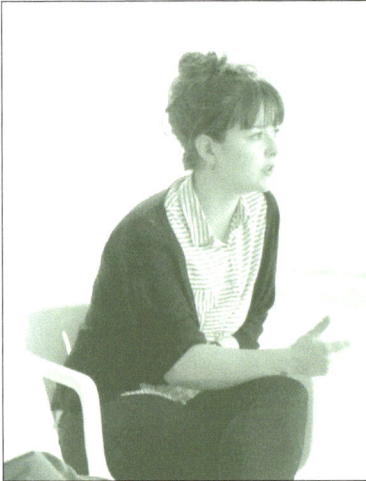

Nous avons assisté, au cours des quinze dernières années, à un intérêt grandissant porté aux structures abandonnées : architectes, artistes, collectivités, mais aussi citoyens ont entrepris la documentation et l'exploration de ce phénomène architectural et urbain.

Dans cette volonté documentaire, l'outil d'inventaire a rencontré un engouement particulier. En 1999, le collectif d'architectes français *Coloco* développait son premier « *Réseau d'observation des squelettes abandonnés* », base de données internationale ouverte aux contributions volontaires et ayant pour objectif de « recenser les squelettes comme des produits immobiliers potentiels »[2]. Les architectes voyaient en ces structures abandonnées, décharnées, une puissance de projection préfigurant des usages futurs. Si ce projet a, ironiquement, été rapidement abandonné, la volonté d'inventaire qu'il portait s'est intensifiée depuis par le biais de nouvelles plateformes rendant compte, à travers le globe, de l'ampleur d'un phénomène **[Fig.1]**. Parallèlement à ces plateformes de localisation de structures abandonnées, des études portant sur des cas singuliers se sont multipliées[3]. Leur dimension monographique s'attache à restituer la trajectoire dans le temps d'une structure donnée, tout en consacrant une attention particulière aux réinvestissements et projets dont elle a pu faire l'objet depuis son abandon.

Ces deux tendances — plateformes d'inventaire et ouvrages monographiques — présentent un double écueil pour qui souhaite entreprendre un travail de catégorisation. Dans le premier cas, si la diversité des cas est présente (dans les échelles, les typologies ou les localisations géographiques), le travail d'inventaire n'est que rarement suivi d'une démarche de catégorisation. L'organisation des structures recensées se fait de façon alphabétique, au mieux elle se soumet à des filtres géographiques, fonctionnels (paradoxaux puisque cette fonction a justement été perdue), ou relayant le statut actuel de la construction (démolie, en cours de reconversion, etc.). Ces filtres ont vocation à faciliter la navigation sur le site internet, mais ils n'ajoutent pas de réel niveau de connaissance aux regroupements proposés. Dans le second cas, l'étude est limitée à un cas unique, ou à une série de cas regroupés autour de caractères extrêmement restrictifs[4]. Cette limitation vient court-circuiter la diversité du corpus d'étude possible et donc l'exercice de catégorisation, car celui-ci ne peut naître que d'une mise en rapport d'un nombre suffisant de structures.

Dès lors, quel dispositif construire pour porter un travail de catégorisation des grandes structures en suspens ?

Des recherches sur des précédents à un tel exercice nous permettent de

In 1999, the French architect collective Coloco developed its first "Network of observations of abandoned skeletons," an international database open to voluntary contributions with the goal of "identifying skeletal structures as potential housing properties". In these abandoned structures, the architects saw a projection power foreshadowing future uses. If this project has ironically been quickly abandoned, the drive it demonstrated has since intensified through new platforms, revealing the magnitude of the phenomenon across the globe. Parallel to these platforms for locating abandoned structures, studies on singular cases have also multiplied.

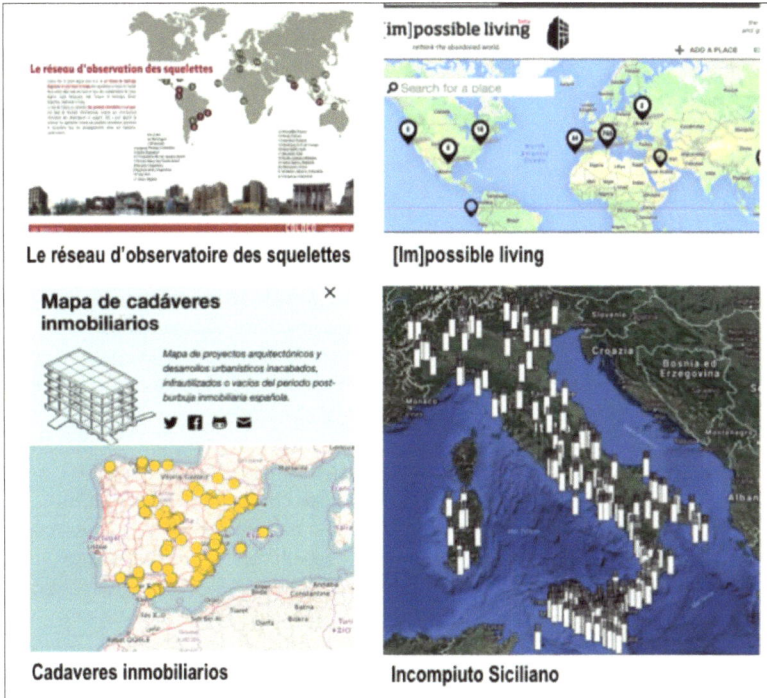

Fig. 1 Plateformes en ligne visant la localisation de structures abandonnées à travers le monde Sources (de gauche à droite et de haut en bas) : http://www.coloco.org/projets/squelettes-a-habiter/ & http://www.impossibleliving.com/explore/ http://cadaveresinmobiliarios.org/mapa/ http://www.incompiutosiciliano.org/incompiuto-siciliano

cas et accroissant leur diversité. Ce constat a encouragé, en vue de la construction d'un dispositif de catégorisation des grandes structures abandonnées, à la manipulation d'un grand nombre de cas hétérogènes. Une centaine de «spécimens» ont ainsi été manipulés afin d'extraire de leur rapprochement des axes pertinents d'analyse ; ce large corpus ne supposait aucune restriction géographique ou typologique. Les structures conservées devaient seulement être encore existantes, avoir été construites au XXe siècle, accuser un temps long d'abandon et présenter une importante échelle. Ce critère scalaire était rencontré sous des formes et conformations diverses (structure pleine, structure en creux, agrégation de structures, réseau de structures, infrastructure). Ce travail a mené à la définition de trois thématiques structurantes, elles-mêmes divisées de sorte à obtenir sept entités catégorielles **[Fig.3]**. Ce texte revient sur les questionnements que l'établissement de ces entités a soulevés.

remonter en 1990, lors de la parution du numéro 42 de la revue italienne *Rassegna* **[Fig.2]**. Intitulé « The abandoned area », ce numéro fut dirigé par l'architecte Vittorio Gregotti. L'ambition générale de la publication était exposée en introduction à la revue: "This issue of Rassegna proposes a critical account of this interrelation between words, causal processes and physical events, and its reasons and expectations, while taking into account that this condition is situated at mid-way between the concretness of the land and the forms of thought that refer to it »[5]. Par la confrontation entre le réel, les attentes que celui-ci voit naître, la pensée et les mots, Gregotti nous parlait d'une nécessité de connaître et de nommer. Concrétisant cette position, le professeur d'urbanisme français Marcel Smets proposait, dans ce même numéro, un article intitulé :

« A Taxonomy of Deindustrialization » qui venait brosser une typologie de sites industriels abandonnés en Europe. D'une grande précision, cette étude privilégiait néanmoins une lecture de ces sites tournée vers leur fonctionnement passé. De plus, comme le relève Gregotti : « The transformation that have hit the presence of industry on the land in the recent decades have been so great as to justify the enormous attention that has been paid to them, often to the detriment of the importance of withdrawal processes relating to others forms of human activity's settlements »[6]. En d'autres termes, si ce précédent introduisait la catégorisation comme mode de connaissance, il restait centré sur un type circonscrit de grandes structures. Or, aujourd'hui, la réalité des grandes structures urbaines abandonnées dépasse largement celle de la désindustrialisation, multipliant les

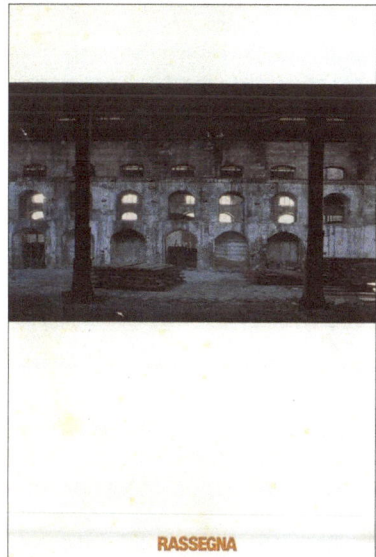

Fig. 2 Couverture du numéro 42 de la revue italienne *Rassegna* intitulé «The Abandoned Areas» (1990).

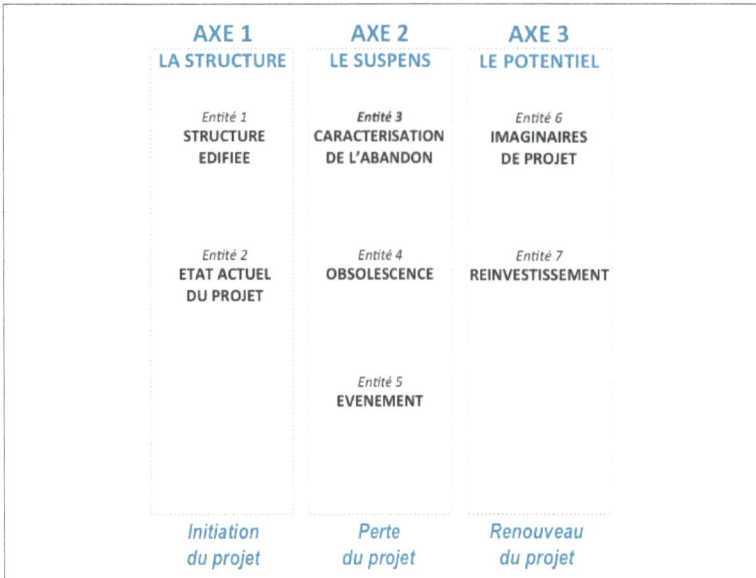

AXE 1 LA STRUCTURE	AXE 2 LE SUSPENS	AXE 3 LE POTENTIEL
Entité 1 STRUCTURE EDIFIEE	*Entité 3* CARACTERISATION DE L'ABANDON	*Entité 6* IMAGINAIRES DE PROJET
Entité 2 ETAT ACTUEL DU PROJET	*Entité 4* OBSOLESCENCE	*Entité 7* REINVESTISSEMENT
	Entité 5 EVENEMENT	
Initiation du projet	*Perte du projet*	*Renouveau du projet*

Fig. 3 Dispositif d'analyse à la base d'un travail de catégorisation des grandes structures en suspens. Trois thématiques structurantes divisées en sept entités catégorielles.
Source : Tiphaine Abenia

Axe 1 — Caractères hérités d'un projet initial (2 entités)

Le premier axe d'analyse s'attache à documenter les éléments constitutifs du projet initial de la structure. Bien qu'ayant été abandonné, ce projet perdure aujourd'hui sous différents traits observables que cet axe propose d'identifier.

La première entité se rapportant à cet axe d'analyse est intitulée structure édifiée. Elle vise à extraire un certain nombre de caractéristiques intrinsèques à la structure. Les observables associés à cette entité attestent de la visibilité ou de l'invisibilité de la structure, rendent compte de son possible enclavement, en précisent la localisation et reviennent sur le type de construction et les matériaux utilisés (sans surprise, le béton domine largement l'inventaire). Lié à la structure édifiée, mais constituant une entité à part, l'état actuel du projet (seconde entité) entreprend une mise en comparaison entre le projet initialement

projeté et l'état sous lequel se présente aujourd'hui la structure. Le projet peut tout d'abord être inachevé ou achevé. Derrière cette évidence, nous pouvons nous demander si le choix de ne réaliser qu'une partie du projet, en cours de chantier par exemple, constitue une évolution du projet initial ou une condamnation de ce dernier à l'inachèvement. À titre d'exemple, bien que le projet montréalais Habitat-67, de l'architecte Moshe Safdie, se présente aujourd'hui dans un état d'achèvement apparent (composé de 354 modules formant 148 appartements habitables); le projet initial prévoyait la réalisation de 950 unités d'habitation réparties sur deux sections (l'une de 22 étages et l'autre de 10 étages) [7] **[Fig.4]**. Devrions-nous ainsi considérer le projet de la Cité du Havre comme achevé à seulement 37 % ?

Le projet peut aussi avoir été achevé, mais avoir subi des démolitions ultérieures à la finalisation du chantier, ne présentant aujourd'hui qu'une partie de la construction réalisée.

Ces démolitions peuvent avoir été planifiées ou être subies (passage du temps, vandalisme). Enfin, un projet achevé sur le plan structurel, mais n'ayant jamais accueilli la fonction qui lui était originellement associée peut-il véritablement être qualifié d'achevé ? Une rupture avec l'usage initialement planifié participe-t-elle d'une « démolition » du projet initial ou en assure-t-elle, au contraire, son renouvellement dans le temps ?

Axe 2 — Caractères liés à la perte du projet (3 entités)

Le second axe d'analyse entend identifier et nommer les caractères dont l'existence relève de la condition de suspens de la grande structure abandonnée. Les observables, tirés de cet axe et extraits de l'analyse des cas, participent ainsi d'une caractérisation de la « perte du projet ».

La première entité attachée à cet axe vise à caractériser l'abandon. Le temps de suspens est un critère important à intégrer en cela qu'il permet notamment de distinguer l'abandon réel de la vacance planifiée. Si la vacance d'une structure s'inscrit dans les mécanismes planifiés d'une morphogénèse urbaine, un état en suspens s'approchant

Fig. 4 Projet initial de Moshe Safdie pour Habitat 67 montrant un front bâti près de trois fois supérieur à celui ayant effectivement été construit. Source : Collection d'architecture canadienne de l'Université McGill.

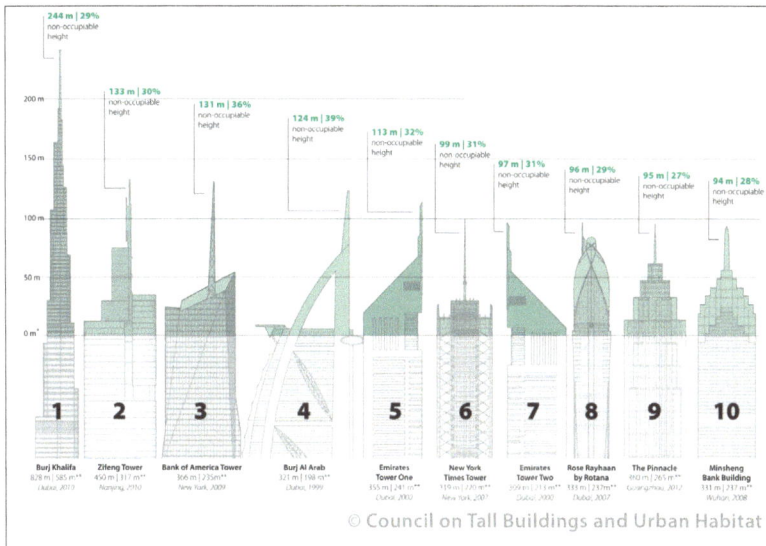

Fig. 5 La «hauteur de vanité» des gratte-ciel montre une inutilisation de 19 %, en moyenne, de la hauteur totale de l'édifice. Source : « Unusable spaces in Skyscrapers », The Council on Tall Buildings and Urban Habitat (2013).

d'une décennie est révélateur d'une sortie de la structure des cycles classiques de revalorisation. En outre, à partir de quelle portion d'abandon une construction tombe-t-elle dans l'abandon **[Fig.5]** ? Une structure dont la moitié de la surface est abandonnée depuis des années peut-elle continuer à être qualifiée d'occupée ? À l'inverse, une occupation que l'on sait extrêmement temporaire de la surface totale d'une structure abandonnée permet-elle de la sortir véritablement de son statut d'abandon ?

Associés à la caractérisation de l'abandon, deux autres entités nous semblent déterminantes dans l'objectif de connaissance des grandes structures contemporaines en suspens. Ces entités, que nous choisissons de distinguer des caractérisations premières de l'abandon sont l'obsolescence et l'événement. Nous proposons de les introduire en tension car si l'une, graduelle, s'inscrit dans un temps long et peut dans certains cas être estimée (obsolescence programmée) ;

l'événement est lui inattendu, soudain et constitue une crise du monde connu. L'obsolescence est définie comme la «diminution de la valeur d'usage d'un bien (…) qui n'est pas due à son usure matérielle »[8]. Transposée à l'architecture, cette dévaluation repose sur des conceptions et logiques plurielles mêlant économie et culture[9]. Prenons un exemple historique, celui du sanatorium. Cet établissement médical, spécialisé dans le traitement des différentes formes de la tuberculose, connaît ses heures de gloire dans la première moitié du XXe siècle. Jusqu'au début des années 1940, en assurant l'isolement des malades, le sanatorium est le seul moyen de limiter la propagation de la tuberculose. En 1945 cependant, la découverte des antibiotiques vient marquer la fin d'une ère d'expansion de cette architecture, précipitant son déclin et expliquant le nombre important de sanatoriums aujourd'hui abandonnés. Peut-on relier l'abandon du sanatorium à une forme d'obsolescence architecturale ? De *quelle* obsolescence parlerions-nous alors ? En 1933, à l'occasion de

l'inauguration du sanatorium de Paimio (1929-2933), Alvar Aalto argumente sur ses choix de projet et met l'emphase sur la fonctionnalité singulière de ce type de bâtiment[10]. Le sanatorium, en tant qu'institution médicale, présente en effet la particularité d'impliquer activement l'architecture dans le soin des malades. En complément à la localisation de la structure (éloignement de la pollution des villes, situation sur un point haut), des choix architecturaux encouragent l'entrée du soleil et du grand air dans les chambres (intégration de balcons). Il devient alors périlleux d'entreprendre une distinction tranchée entre ce qui relèverait purement de l'architecture et ce qui dépendrait du soin médical, l'un et l'autre agissant de concert. L'abandon du sanatorium tiendrait-il alors à une obsolescence programmatique (le soin contre la tuberculose perdant de sa pertinence à mesure où les antibiotiques se démocratisent), à une obsolescence typologique (les espaces fonctionnels du sanatorium contraignant l'introduction d'un nouveau programme), ou à une obsolescence représentationnelle (l'architecture du sanatorium, du fait de ses spécificités curatives, étant trop connotée et donc déjà datée) ? L'abandon serait-il davantage une combinaison de ces dernières (l'obsolescence programmatique déclenchant par exemple l'obsolescence typologique) ?

Parallèlement à l'obsolescence, nous introduisons comme troisième entité de cet axe, l'événement. La compréhension de ce terme est empruntée à Aldo Rossi qui, étudiant l'amphithéâtre romain et sa forme archétypique, rapporte qu'il a fallu un *événement extérieur* pour que, soudainement, la fonction de l'amphithéâtre bascule et que ce dernier devienne ville[11]. L'événement extérieur dépasse ainsi la structure édifiée en cela qu'il relève d'un macro contexte. Je rapprocherai en outre

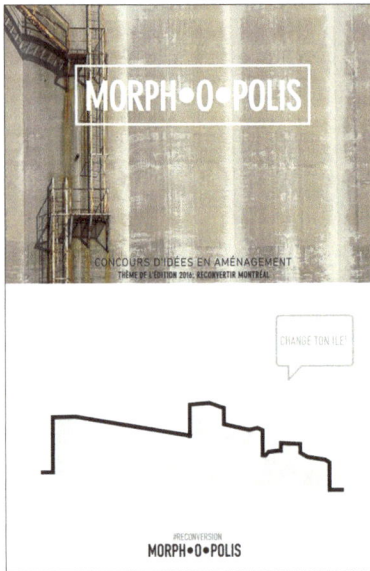

Fig. 6 Le silo numéro 5 de Montréal est à l'affiche du concours d'idées en aménagement «Morphopolis» (édition 2016). Le concours invite à repenser Montréal, en s'appuyant notamment sur ses grandes structures abandonnées.
Source : http://www.morphopolis.net

l'événement d'une autre notion qui est celle de *crise*. En médecine, la crise est l'«ensemble des phénomènes pathologiques se manifestant de façon brusque et intense, mais pendant une période limitée, et laissant prévoir un changement généralement décisif, en bien ou en mal, dans l'évolution d'une maladie »[12]. L'événement est ainsi entendu comme crise, en cela qu'il redistribue les cartes d'une manière inédite et parfois intensément reconfiguratrice. L'événement peut-être d'ordre économique (crise spéculative), politique (guerre, coup d'État), social (contestation sociale), naturel (séisme) ou environnemental (catastrophe nucléaire par exemple).

Axe 3 — Caractères liés au renouvellement du projet (2 entités)

Le dernier axe d'analyse porte sur les caractères observables témoignant d'un renouvellement du projet associé

à la grande structure abandonnée. Il vise à évaluer la *projetabilité* de ces structures. En effet, la perte du projet originellement insufflé ne condamne pas systématiquement la structure à être dénuée de sens. Au contraire, la construction abandonnée devient *libre* de sens, ouverte aux interprétations.

Les deux dernières entités de ce travail de catégorisation des grandes structures en suspens relèvent ainsi du potentiel de ces structures. Le suspens attaché aux structures étudiées n'est pas synonyme d'inertie. Cet entre-deux temporel et spatial est ponctué de débats et controverses qui témoignent de l'absence de consensus quant au futur de ces structures. Mélanie van der Hoorn (2009) a montré que ces controverses peuvent même dépasser les enjeux propres à la structure abandonnée, cette dernière étant instrumentalisée comme matérialisation de problématiques plus abstraites[13]. De plus, si un nouveau projet peine à se concrétiser, les concours à idées et propositions — avortées — sont nombreux, dessinant autour de ce temps en suspens une nouvelle phase de potentiel **[Fig.6]**. Aux côtés de l'architecture non réalisée précédant la conception d'un projet, nous pourrions ajouter la structure en suspens comme nouveau lieu de développement d'un potentiel architectural, comme un *déjà-là* porteur d'imaginaires de projet.

Enfin, étroitement liée à ces imaginaires et en proposant des formes d'actualisation, la dernière entité porte sur le réinvestissement dont font l'objet ces structures. Nous introduisons une distinction entre réinvestissement physique et réinvestissement symbolique. Si le premier passe par l'occupation de la structure par le corps (explorateurs urbains, squats), le second se construit avant tout comme activité de construction cognitive (films-fictions mettant en scène la structure,

mythes et légendes). De ces deux formes de réinvestissement, laquelle participerait-elle la plus activement à l'enrichissement du potentiel ? Une mise à l'épreuve de la structure par une occupation physique informelle peut-elle être mise sur le même plan qu'un film utilisant la structure comme fond narratif ? Si le premier, par son approche pragmatique, constitue un test grandeur nature, le second, par sa dimension médiatique, permet d'impacter plus largement l'imaginaire collectif. De plus, en cela qu'ils renvoient à des formes d'actualisation d'un potentiel, ces réinvestissements agiraient-ils comme contraintes de l'imaginaire (en introduisant une forme d'achèvement possible) ou au contraire comme ouvreurs de nouveaux imaginaires (en réamorçant un système de valeur enrayé) ?

Pour conclure, et redonner une certaine cohérence à ces nombreuses entités a priori disparates, je proposerai de synthétiser ces réflexions autour d'une tension faisant se rencontrer «résistance» et de «potentiel» **[Fig. 7]**. Les sept entités présentées s'inscrivent en effet dans une intrication entre degrés de résistance et gradients de potentiel. Une résistance, tout d'abord, à la connaissance (Axe 1. Entité 1 : (in)visibilité, diversité des configurations, Axe 1. Entité 2 : inachèvement), mais aussi aux interventions telles que la démolition (Axe 1. Entité 1 : système constructif, matériaux utilisés), la reconversion (Axe 3. Entité 6 : controverses, Axe 2. Entité 2 : obsolescence représentationnelle) et la patrimonialisation ; résistance qui est contrebalancée par l'existence d'un potentiel. Ce potentiel maintient la structure hors du spectre de la démolition (Axe 2. Entité 1 : temps de latence), active les imaginaires (Axe 1. Entité 2 : inachèvement, Axe 3. Entité 1 : concours et projets avortés, Axe 3. Entité 1 : variété des valeurs projetées) et participe au renouvellement des

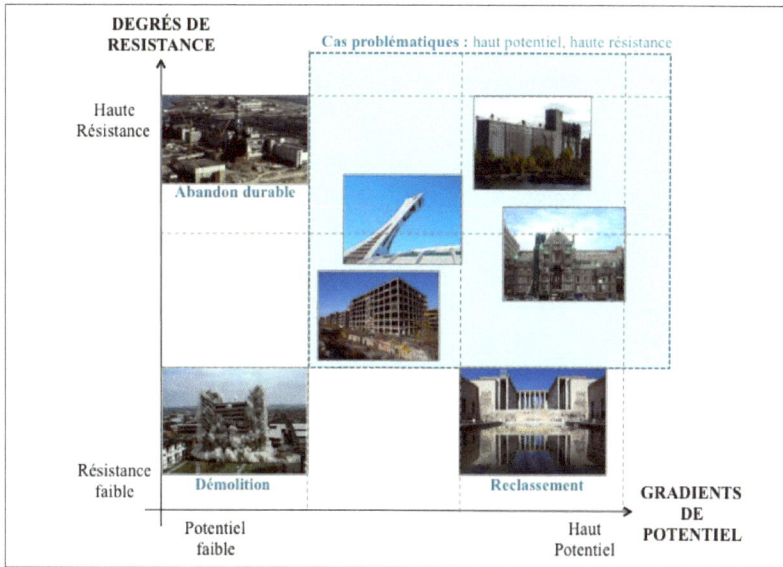

Fig. 7 La survivance de la grande structure en suspens est caractérisée par une tension entre degrés de résistance et gradients de potentiel. Source : Tiphaine Abenia

pratiques et des usages (Axe 3. Entité 2 : réinvestissements formels et informels). La nécessité de l'existence conjointe de ces critères est illustrée par l'exemplification des cas extrêmes. Une structure à fort potentiel, mais à la résistance faible verra son temps d'abandon extrêmement réduit. Elle fera rapidement l'objet d'un projet de réhabilitation ou d'un classement patrimonial. À l'inverse, une structure extrêmement résistante, mais au potentiel très limité connaîtra un abandon indéfini et se placera en marge de la catégorisation. Enfin, une structure non résistante et sans potentiel fera rapidement l'objet d'une démolition. Ainsi, ce sont les structures à fort potentiel et résistance élevée qui, riches des tensions qu'elles concentrent, constituent les cas exemplaires de ce travail de catégorisation.

Notes

[1] Mauss, Marcel, « Les techniques du corps », in *Sociologie et anthropologie*, Paris, 1950.

[2] Pour une description du projet du collectif *Coloco* « L'observatoire des squelettes », http://www.coloco.org/300510/3822900/galerie/squelettes-a-habiter

[3] Voir les études monographiques suivantes : Brillembourg, Alfredo, Klumpner, Hubert, *Torre David : Informal Vertical Communities*, Zürich, Lars Müller, 2013 ; et Machado-Martins, Maira, *Habiter une ancienne usine à Rio de Janeiro*, Paris, L'Harmattan, 2014.

[4] En exemples de séries fondées sur des traits restrictifs voir les travaux photographiques réalisés des arrêts de bus soviétiques abandonnés (Herwig, Murray, Sorrell, 2015, *Soviet Bus Stop*, Fuel Publishing) ou les hôtels inachevés du désert du Sinaï (Haubitz+Zoche, (2005) : http://www.haubitz-zoche.de/sinai-hotels)

[5] Gregotti, Vittorio (sous la direction de), « The Abandoned Areas », *Rassegna*, no 42/2, anno XII, Milan, 1990. p.7.

[6] Ibid. p.9.

[7] Pour le détail de la proposition initiale du projet d'Habitat-67, voir les documents de la collection de l'université McGill : http://cac.mcgill.ca/safdie/habitat/original.htm

[8] Définition issue du dictionnaire *Trésor de la Langue Française* : http://atilf.atilf.fr/dendien/scripts/tlfiv5/advanced.exe?8;s=1520791440;

[9] Abramson, Daniel M., *Obsolescence: an architectural history*, Chicago, The University of Chicago Press, 2016.

[10] Fanelli, Giovanni, Gargiani, Roberto, *Histoire de l'architecture moderne : structure et revêtement*, Lausanne, Presses polytechniques et universitaires romandes, 2008. p.354.

[11] Rossi, Aldo, *L'architecture de la ville*, Paris, L'Equerre, 1981. p.151.

[12] Définition issue du dictionnaire *Trésor de la Langue Française* : http://atilf.atilf.fr/dendien/scripts/tlfiv5/advanced.exe?8;s=2356375185;

[13] Van der Hoorn, Melanie, *Indispensable Eyesores, An Anthropology of Undesired Buildings*, New York, Berghahn, 2009. *Anthropology of Undesired Buildings*, Berghahn, New York

Chercheur invité **2016** Guest scholar

Ce que vous cherchez...

Jean-Louis Cohen, New York University, Collège de France

La question que je me pose est celle de savoir ce que vous cherchez. Ludwig Wittgenstein a écrit, comme on le sait : « dis-moi comment tu cherches et je saurai ce que tu cherches. » La définition d'un programme de recherche ne peut pas se fonder seulement sur les objets sur lesquels il porte, qu'il s'agisse des espaces en déshérence ou des concours publics. Je commencerai par affirmer qu'à mon sens tout chercheur atteignant une certaine maturité a deux devoirs. Le premier est de poursuivre son travail sans basculer dans l'auto-plagiat, en sachant constamment se réinventer. Le second est d'être attentif à ce que produisent les générations montantes, ce qui est d'ailleurs aussi une manière d'apprendre et de changer soi-même. Cette considération n'est pas démentie par le groupe que vous formez, avec un noyau permanent de chercheurs expérimentés, et une sorte de «périphérie» — sans nulle connotation dépréciative — plus jeune et potentiellement plus mobile.

Cette configuration me semble assez unique en Amérique du Nord, où la recherche est en général une pratique individuelle, notamment dans le champ de ce qu'il est convenu d'appeler l'histoire et la théorie de l'architecture. Il y a parfois des effets de groupe dans des formations doctorales mais ils sont en général limités. Il y a aussi des effets thématiques, puisque les enseignants des programmes doctoraux ont tendance à recruter des étudiants qui vont prolonger leurs lignes de recherche, souvent pour eux de véritables passions. Le fait de trouver un groupe aussi multiple et, dans le même temps, focalisé autour d'une série d'intérêts et peut-être de méthodes communs, me paraît tout à fait remarquable. J'ai cru comprendre que vous entendiez aujourd'hui réfléchir sur l'obsolescence, l'abandon, l'usure des édifices et sur les facteurs qui déterminent ces conditions. En écho à ce programme, je passerai en revue une courte série de situations tangentes, sinon sécantes, avec votre propos.

Je commencerai par revenir sur le cas de l'usine FIAT du Lingotto à Turin **[Fig. 1]**, à laquelle m'a fait penser vivement l'intervention de Carmela Cucuzzella, et dont le destin récent fait figure de « happy end », après les considérations tragiques, parfois en forme d'annonces nécrologiques, avancées jusqu'ici. Lors de son achèvement en 1922, ce bâtiment de 800 mètres de longueur conçu par Giacomo Matté-Trucco réalisait sans doute le plus parfaitement les aspirations des futuristes italiens, qui avaient célébré à la fois l'industrie et la vitesse. Son principe était doublement dérivé de l'expérience de Ford, reproduite dans la chaîne de montage et dans le parti de l'édifice. Il transposait ainsi en quelque sorte Détroit au milieu du Piémont.

Mais l'édifice a rapidement vieilli. Dès la fin des années 1930, la FIAT a construit

Ludwig Wittgenstein wrote: "tell me how you are searching, and I will tell you what you are searching for". In my view, scholars of a certain professional maturity have two tasks:
1- to avoid self-plagiarism in one's work by knowing how to constantly reinvent oneself,
2- to be attentive to what younger generations are producing. Your research group, consisting of a permanent core of experienced scholars and a younger and potentially more mobile "periphery", does not weaken this consideration.

This configuration seems to be quite unique in North America, where research is in general an individual practice, especially in the field of what is commonly called the history and theory of architecture.

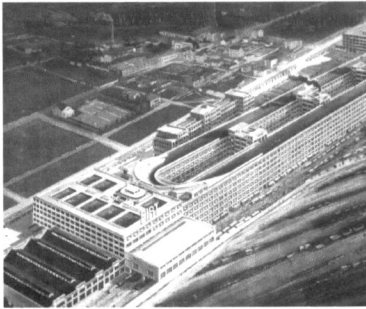

Fig. 1 Photo de l'usine FIAT Lingotto (1928). Source : Wikimedia commons.

la nouvelle usine de Mirafiori, projetée par Vittorio Bonadè-Bottino, sur le modèle des usines de la deuxième génération de Ford, conçues, tout comme les premières, par Albert Kahn, dont on ne parlera jamais assez. Conservées jusqu'ici dans les caves de l'agence, les archives de Kahn sont en train d'être jetées à l'occasion de son déménagement. Elles comptent près d'un million de calques, car Albert et ses frères ingénieurs Moritz et Louis ont construit de l'ordre de 2000 bâtiments, sans doute un record comparé à la production des principaux architectes modernes. Pour mémoire, Frank Lloyd Wright en a réalisé 400 et Le Corbusier environ 75. Certes, parmi ce million de calques, on trouvera sans doute 350 fois le même détail d'aérateur de toiture, et tous les documents ne sont pas nécessairement intéressants, ce qui pose un problème monumental de conservation, presque à l'échelle de celui de la construction d'un bâtiment. Pratiquement abandonné par la FIAT, le *Lingotto* a été quant à lui restauré et transformé par Renzo Piano, selon des principes tout à fait recevables. Situé dans une ville où le consensus était très fort quant à son importance, il est devenu un sandwich d'activités diverses, de la culture au commerce. Le *Lingotto* était bien une « forteresse ouvrière », comme l'était dans la banlieue parisienne l'usine Renault de Billancourt, selon la description qu'en faisait en 1968 le journaliste Jacques Frémontier. Elle a assurément perdu ses troupes, mais les murs demeurent.

Je voudrais revenir sur plusieurs propos tenus ici. Dans l'exposition et l'ouvrage que j'ai consacrés en 2011 à l'architecture « en uniforme », je m'étais intéressé aux débats sur les ruines qu'avait provoqué la Seconde Guerre mondiale, dans le prolongement de ceux de la précédente, où Français et Allemands s'étaient confrontés à propos d'enjeux comme celui du donjon de Coucy. Il est révélateur de voir comment la réflexion sur les ruines et leur destin conduisit à la fin de la guerre une partie de l'establishment architectural à envisager leur préservation, en s'appuyant sur le précédent des ruines gothiques, voire sur celui des fausses ruines romantiques. Comme le montre l'article « Save our Ruins » **[Fig. 2]**, publié dans *The Architectural Review* en 1944, les décombres résultant des raids de la *Luftwaffe* sont considérés comme une ressource, qu'il s'agit de préserver. Cette découverte du paysage ruiné contribuera à nourrir une aspiration au pittoresque caractéristique de tout un secteur de l'architecture britannique de l'après-guerre.

Nikolaus Pevsner, rédacteur de la *Review* dans cette période, a rédigé alors sous l'effet des événements dont il était le témoin un livre sur le pittoresque resté inédit jusqu'à tout récemment. Ce potentiel des ruines

A FOREWORD BY THE DEAN OF ST. PAUL'S

As a member of the Bishop of London's Commission on the City Churches I am precluded from expressing an individual opinion on the best way to treat any particular bombed church in the City of London, but I gladly commend the suggestion in this number of THE ARCHITECTURAL REVIEW to the consideration of those who are concerned with the rebuilding of cities and towns in which ancient churches have been completely ruined. Nothing but good can come from the expression of opinions by experts on this subject. The danger that we must guard against is that of being too exclusively "practical" and utilitarian. Beauty and dignity cannot be given a cash value, but they are necessary elements in the good life and they bring in dividends which are not the less important because they are intangible and spiritual. The cities which men make reflect their souls. Those who have mean thoughts of themselves and their fellows will build mean and ugly cities, and those who respect themselves and their fellows and desire a worthy life for all citizens will build cities which express their spirit and are an abiding witness of their quality to those who come after. No one doubts that the London of the future must be a centre of commerce and finance, but if it is nothing more, it will be no city at all, but simply a place where people work and from which they flee as soon as they can. The devastation of war has given us an opportunity which will never come again. If we do not make a City of London worthy of the spirit of those who fought the Battle of Britain and the Battle of London, posterity will rise and curse us for unimaginative fools.

W. R. Matthews

SAVE US OUR RUINS

Ruins need not be a disfigurement. They can be of great picturesque beauty, as the eighteenth century knew. The above engraving of St. Botolph's, Colchester, is from Grose's Antiquities.

ARGUMENT The following article and the drawings accompanying it propose a new solution to the problem of the future of some of the bombed churches in Britain. This solution is in no way meant to prejudice any of the other solutions now under discussion by various commissions and committees. The City of London has been chosen to illustrate the suggested treatment of damaged churches, because the problem here is especially extensive, complicated and urgent, and because the acceptance of the solution advocated would have the most beneficial results on visual planning in that general sense which the introductory article to this number of THE ARCHITECTURAL REVIEW is putting forward. It is proposed that a few of the bombed churches of Britain be selected to remain with us as ruins, essential in the state in which bombing has left them, that they be laid out and planted appropriately, and that they be regarded as permanent places of open-air worship, meditation and recreation, as national war memorials of this war and focal points of picturesque delight in the planned surroundings of the post-war world.

WORSHIP In the debates on the future of the City churches nobody seems to deny that there were more of them than the needs of congregations justified. Should they be rebuilt, or should their sites be sold to use the sums raised for erecting churches in suburban areas with inadequate numbers of churches? Both proposals will no doubt be followed. THE ARCHITECTURAL REVIEW'S is a third, applicable to only a few, say two or three in the city and one each in some other towns and cities. The need for short services for city workers, chiefly in the mornings and at lunch-time, is undeniable. The war has shown that such services can be held in the open. Our climate does by no means rule out open-air worship and open-air recreation. The middle ages in Britain had their church processions. Later centuries, right down to the nineteenth, had a well-developed open-air life though not a spiritual one. Vauxhall, Ranelagh, Spring Gardens and many other worldly assembly places attest that. Where chapels and altars are still roofed and usable open-air services should be an established and would be a welcome element in the week-to-week life of the City. The ruined churches which it has been decided to keep as ruins would provide the best setting for them. Seats would be distributed in such a way that quiet prayer would also be possible.

Ruins as a setting for open-air services. Some of the ruins would be major and commemorative of the dead on the home-front and overseas. Some would be smaller and ministering to the needs of the city worker.

MEDITATION There is only a short step from quiet prayer to meditation. One is as imperative a need in the life of the city as the other. Both take the office worker out of his daily routine into short moments of a fuller and more genuine life, the life of religion and philosophy—usually, in the untrained mind, religion and philosophy applied to some

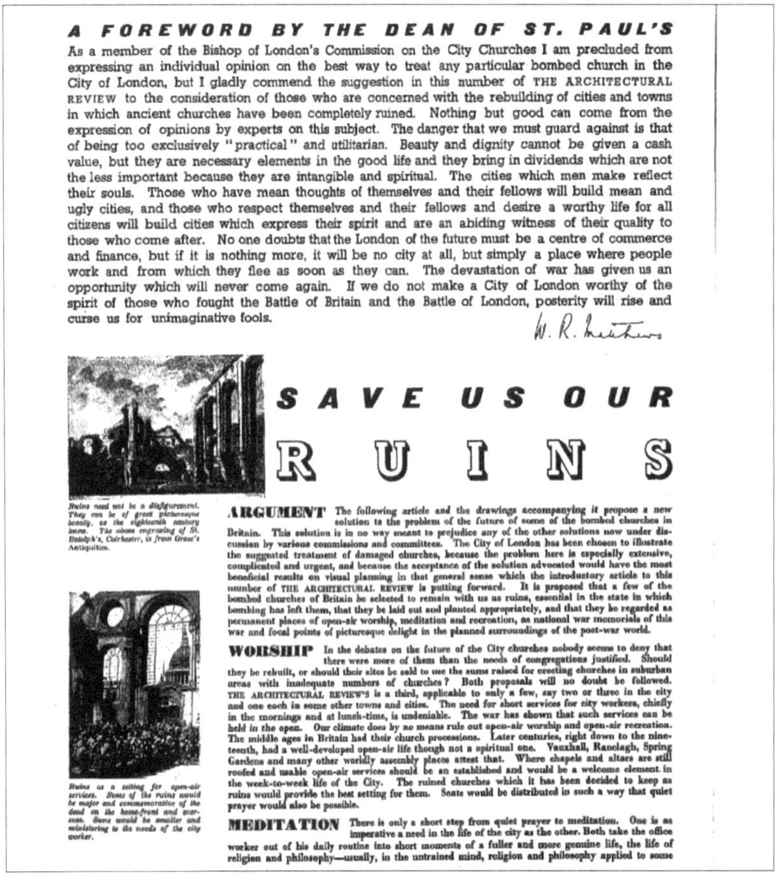

Fig. 2 Un argument en faveur de la conservation des ruines générées par la Seconde Guerre mondiale. Source: "Saves us our ruins", in The Architectural Review, 1944.

Fig. 3 Aéroport de Berlin Tempelhof (1984). Source : Wikimedia commons.

Fig. 4 Complexe de Prora construit entre 1936 et 1939 par Clemens Klotz.

à façonner l'architecture britannique marque en quelque sorte le passage de l'abandon à l'inspiration. Je rappellerais au passage que l'un des grands facteurs d'obsolescence, d'abandon et de rédemption des édifices est tout simplement le passage de l'état de paix à celui de guerre, puis le passage inverse. Des édifices à vocation pacifique sont transformés, abandonnés ou détruits, car ils sont situés au milieu du champ de bataille puis les édifices militaires doivent être recyclés. Le

destin de certains grands équipements étatiques qui ont perdu leur sens n'est pas différent.

Un cas emblématique est à mon sens celui de l'aérodrome de Tempelhof construit en 1936 à Berlin par Ernst Sagebiel [Fig. 3]. Tempelhof est un bâtiment beaucoup plus typique du Berlin nazi que les projets mégalomanes de Speer, car il condense le projet d'une grande capitale européenne, lieu central d'un empire, dans lequel l'aviation participe d'un projet modernisateur au même titre que les autoroutes. Devenu obsolète, après avoir permis, ne l'oublions pas, le pont aérien américain lors du blocus de 1948, son emprise est aujourd'hui transformée en parc, au terme d'intenses débats.

Les vestiges de grande taille ne manquent pas. L'un des plus étonnants reste l'ensemble de PRORA construit entre 1936 et 1939 par Clemens Klotz sur les bords de la Baltique [Fig. 4]. Il s'étire encore sur l'île de Rügen, immortalisée au début du XIXe siècle par les tableaux de Caspar David Friedrich. Long de 8 kilomètres, il s'agissait d'un ensemble de loisirs pour la classe ouvrière si bien encadrée du IIIe Reich. Lorsque l'île était encore sur le territoire de la République démocratique allemande, ce bâtiment-territoire permettait de loger les troupes des armées du pacte de Varsovie son destin reste désormais incertain. Aujourd'hui, tel qu'il est situé, il n'a aucune chance d'être compétitif avec les plages turques, celles de Tunisie ou celles des Canaries, et son sens en tant que destination de vacances semble épuisé. Double vestige de la guerre froide et du nazisme, il a perdu sa valeur d'usage, mais il garde sa force monumentale.

D'autres vestiges de la Guerre froide méritent d'être évoqués sur le sol allemand, qui n'en manque guère, à

l'image de la base de l'US Air Force à Ramstein, dans le Palatinat, qui était la plus grande implantation américaine de toute la République fédérale, et largement urbanisée aujourd'hui. Et que reste-t-il des infrastructures de la guerre froide sur le sol canadien ?

Je voudrais passer à un exemple plus ancien, qui révèle l'importance du rapport entre guerre et paix dans la chronique des villes fortifiées que furent la plupart de celles de l'Europe continentale. Montréal fut une ville fortifiée, ainsi qu'Anne Cormier n'a pas manqué de le rappeler dans son intervention. Mais les remparts ont rapidement disparu à la suite de la pacification des territoires. En Europe, les fortifications ont été entretenues et modernisées parfois jusqu'à 1939. Dans le cas des Français, dont on a coutume de dire qu'ils sont toujours en retard d'une guerre, sinon de deux, j'ai eu l'occasion de me pencher sur l'enceinte fortifiée créée autour de Paris en 1845, et demeurée en place pendant des décennies jusqu'à son arasement en 1919, comme le montre une aquarelle peinte par Vincent Van Gogh en 1886 [Fig. 5]. Cet ouvrage figé au milieu d'une métropole en plein essor a laissé un spectre toujours présent dans la ville d'aujourd'hui, entre le centre et la périphérie de Paris.

La ceinture bastionnée de 1845 est devenue un ensemble annulaire de logements sociaux dans les années 1920, grâce au lotissement de l'emprise des bastions, tandis que la zone *non aedificandi*, qui était devenue un espace interlope dans lequel habitaient 50.000 marginaux, immigrants récents ou gitans, est restée pour l'essentiel en l'état jusqu'aux années 1950. Dans le livre *Des fortifs au périf, Paris, les seuils de la ville*, que j'ai publié en 1991 avec André Lortie, nous avions mis en évidence le fait que cet anneau entourant Paris était devenu une sorte d'espace de projection pour les nouvelles idées en matière d'urbanisme, auxquelles il offrait la promesse d'une réalisation rapide. Comme nous avons été les premiers à le dire, c'est sur ces terrains que Le Corbusier avait imaginé en 1922 d'implanter ses immeubles-villas, car ils étaient les seuls permettant de trouver l'emprise de 400 mètres de longueur par 200 de largeur nécessaire à son projet. Des lieux en cours d'obsolescence, fraîchement abandonnés, peuvent ainsi devenir des lieux de projection.

Vous connaissez sans doute l'épilogue de cette histoire, qui aboutit à la création du boulevard Périphérique achevé en 1973, directrice d'un grand ensemble d'habitation linéaire doublé par une bande d'équipements sportifs et de bâtiments publics. Si les plans d'aménagement des années 1920 et 1930 avaient été mis en œuvre, notamment celui dessiné par Jean Claude Nicolas Forestier en 1924, une ceinture de parcs aurait alors été créée sur la zone. Le manque de détermination des collectivités publiques à expulser les habitants de la zone a pratiquement gelé les terrains jusqu'à ce que le plan autoroutier de l'après-guerre soit élaboré et prêt à être exécuté : les partis de droite défendant les propriétaires et ceux de gauche les locataires.

Sous-jacente à vos interrogations, se dégage une réflexion sur les temporalités en architecture, sur la mémoire tout autant que sur l'oubli. Prenons garde à ne pas perdre de vue que la mémoire est sélective et qu'il n'y a pas de mémoire sans oubli. En l'occurrence, il s'agit de l'oubli de certains territoires, de certaines procédures, de certains plans ou de programmes qui ont donné naissance à des projets isolés, et que l'on ne comprend - ni ne sait analyser et encore moins conserver - si l'on ne sait

pas revenir aux stratégies qu'ils les ont déterminés.

Une des questions sous-jacentes dans les travaux présentés aujourd'hui est celle des temporalités, des cycles de valorisation, de dévalorisation, d'usage et d'innovation technologique ou scientifique. Comme on le sait, le sanatorium antituberculeux n'a pas disparu pour des raisons architecturales, mais pour des raisons thérapeutiques, à la suite de la découverte des antibiotiques. C'est là un exemple éloquent de la rencontre entre un cycle de recherche scientifique et un cycle de transformation architecturale, d'autant que le sanatorium a parfois servi de modèle aux immeubles d'habitation collective.

Si le recyclage des terrains militaires reste un enjeu concret avec la fin de la guerre Froide, la société postindustrielle assiste à la mise sur le marché de territoires d'autant plus étendus qu'ils ne se limitent pas aux seules usines, mais incluent les services et les infrastructures qui les irriguaient. Dans cette perspective, le projet des *Potteries Thinkbelt*

conçu par Cedric Price en 1966 pour le Staffordshire reste prophétique à plus d'un titre. Délibérément anti-monumental, il propose une nouvelle forme de mobilité, et ne se fonde pas sur la densification des territoires abandonnés par la production. Dans l'histoire des implantations universitaires, ce campus sur roues occupe incontestablement une place à part, notamment parce qu'il se fonde sur l'hypothèse que la société postindustrielle sera une société de la connaissance, qui réinvestira donc les territoires façonnés par la production matérielle en lieux de production universitaire ou scientifique.

Dans le cas de l'Exposition internationale de *l'Emscher Park* organisée en 1989 dans la Ruhr, l'hypothèse est bien différente. Il s'agit moins ici de connaissance que de loisirs, dès lors que l'intention est de transformer les terrains voués aux mines et à la sidérurgie en parc, dans une région industrielle qui pourtant n'en était pas dépourvue. L'image que l'on se fait en effet de la Ruhr est celle d'un collage continu d'aciéries avec des cheminées fumantes, mais elle est

Fig. 5 Les fortifications de Paris, avec maisons. Aquarelle de Vincent Van Gogh peinte en 1887.

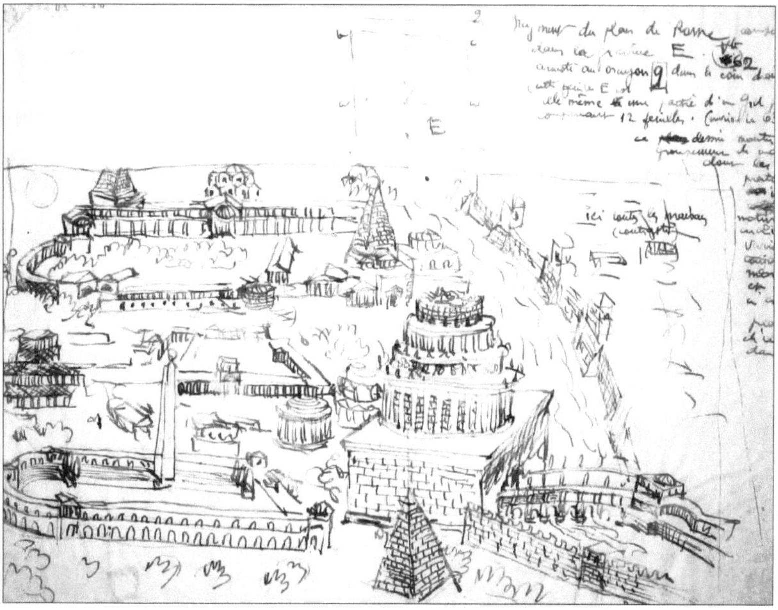

Fig. 6 Charles-Édouard Jeanneret, dessin de Rome, d'après Pirro Ligorio, Anteiqvae Vrbis Imago, 1561, 1915. Source : Fondation Le Corbusier

trompeuse, car la Ruhr était un territoire extrêmement peu dense, dans lequel il y avait déjà beaucoup d'espaces verts, selon un principe proche de celui présenté par Pierre Boudon dans ce séminaire. La Ruhr a été au demeurant l'objet, dès 1920, du premier plan régional jamais élaboré en Europe.

Une autre question affleure, au cœur des réflexions du moment, celle des rapports entre l'architecture et la démocratie. Les intersections entre l'architecture et la politique ne se limitent pas aux grandes compositions des régimes dictatoriaux. C'est là une vision assez naïve des rapports entre architecture et politique, qui était celle de mon vieil ami Pierre Riboulet, être fort subtil, mais aussi auteur d'une théorie selon laquelle il y aurait un mode de composition « dictatorial », nécessairement axial, et un mode de composition « démocratique », nécessairement modulaire et décentralisé. Cette vision m'a toujours semblé naïve, car les démocraties se représentent aussi en utilisant les axes,

tandis que les dictatures savent être organiques quand il le faut. Il s'agirait plutôt de savoir comment s'ajustent les décisions politiques, les arbitrages politiques des états, ceux des villes et des réseaux associatifs, et les interventions des acteurs privés avec l'architecture. Peut-être trop consacrées à l'architecture publique, plus facile à observer, les archives existent et les acteurs parlent.

Un dernier mot sur les ruines comme source d'inspiration, en revenant à Rome. L'hypothèse d'une transformation du Colisée et de quelques édifices romains en usine textile ou en logements a été évoquée, et je me disais, en découvrant depuis l'avion le stade olympique de Roger Taillibert à Montréal, que l'on pourrait sans doute créer dedans sinon une usine textile, peut-être un établissement productif d'un autre ordre ou simplement des habitations. Pour en rester à Rome, je voudrais ici évoquer un dessin pour moi absolument fondamental du jeune Le

Corbusier, que j'avais présenté en 2013 dans l'exposition *Le Corbusier, an Atlas of Modern Landscapes*, au Museum of Modern Art de New-York **[Fig. 6]**. Ce dessin est exécuté lors du deuxième voyage de Jeanneret à Rome. Pour le premier, qui a lieu en 1911, et le troisième qui intervient en 1921, il se rendit physiquement dans la Ville éternelle. Mais dans ce cas, le voyage se déroule en quelque sorte en chambre, au cabinet des Estampes de la Bibliothèque nationale de Paris. Il y calque la gravure *Antiquae Urbis Imago*, vue générale de la ville antique restituée en 1561 à partir des ruines encore debout par Pirro Ligorio. Jeanneret a une bonne connaissance de la ville, au travers de la fréquentation de ses ruines. Mais dans la gravure de Ligorio, il voit, comme il le note sur son dessin, un « prototype de cité moderne dans [les] arbres ». Il imagine une ville formée par des bâtiments isolés et non par un continu. À quarante ans de distance, le centre de Chandigarh donnera une parfaite illustration de cette vision prophétique, faisant écho au dispositif des édifices de la Rome antique, comme si la pensée de la ruine était centrale de l'invention des villes nouvelles du XXe siècle.

Pour conclure sur une note d'actualité, je suggère fortement le visionnement d'un film russe d'Anton Eltchaninov, aussi bref qu'effrayant, consacré à la démolition de l'usine ZIL à Moscou. Il fut tourné en 2014 pour vanter les mérites de l'entreprise de démolition Titan. On voit clairement dans ses plans successifs plusieurs des bâtiments industriels construits par Albert Kahn en 1930, en autant de visions qui nous ramènent tout droit à Détroit. Primé pour son montage nerveux, ce film-catastrophe sur la destruction de quelque 60 hectares de terrains industriels donne la mesure d'un des défis du temps présent.

www.ingramcontent.com/pod-product-compliance
Lightning Source LLC
Chambersburg PA
CBHW040841040426
42336CB00033B/43